T0326584

# SERIAL EATER

## FOOD DESIGN STORIES

BENJAMIN STOZ

centre d'innovation
et de design
au Grand-Hornu

stichting
kunstboek

# Table des matières

# Table of contents

# INTRODUCTION

Dans notre société occidentale, se nourrir représente bien plus qu'une simple fonction vitale. L'alimentation est considérée comme l'affirmation d'un choix de vie, une prise de position et surtout une tendance parmi les plus pointues de la culture mondialisée. Photographier sa nourriture et ensuite la poster sur les réseaux sociaux est devenu un véritable réflexe pour toute une jeune génération de mangeurs connectés. Qualifié de pornographie alimentaire, ce phénomène démontre parfaitement nos rapports controversés avec l'objet comestible. Malbouffe, gaspillage alimentaire ou suralimentation : la prise de conscience de nos modes de production et de consommation pose la nourriture au cœur de toutes les attentions. Il est certain que bon nombre de nos habitudes alimentaires devront se transformer si l'on veut nourrir sainement toute la population mondiale d'ici 2050. Mais sommes-nous prêts au changement ?

Des alternatives existent et commencent à se mettre en place : ingénieurs, industriels et designers imaginent de nouvelles solutions pour nous concocter un futur meilleur. Leur objectif est de suggérer des formes et des usages inédits qui induiront de nouvelles pratiques de production, de distribution et de consommation. Parfois expérimentaux ou encore conceptuels, les projets proposés par les food designers au XXIᵉ siècle questionnent et font débat autour de la table. Bien que le design ait été appliqué de façon ponctuelle dans l'histoire de l'industrie alimentaire, c'est au milieu des années 1990 qu'est utilisé pour la première fois le terme de food design. Durant le XXIᵉ siècle, une série d'influences culturelles, culinaires, sociales et industrielles vont préparer un terreau favorable au développement de cette nouvelle branche d'analyse, entre design industriel, génie alimentaire, psychologie de l'alimentation ou anthropologie. Dans un premier temps, les pionniers de la jeune discipline s'intéressent aux propriétés de l'aliment comme matériau. Puis, durant les années 2000, les propositions évoluent en fonction de nos interrogations et de nos inquiétudes face au food system. Dans une approche parfois anxiogène du futur alimentaire, le food design interroge nos comportements, nos désirs et nos doutes en tant que mangeur. Quel type de consommateur sommes-nous, comment évaluer notre impact dans le schéma actuel et qu'allons-nous accepter à l'avenir dans nos assiettes ?

Autant d'incertitudes et de questionnements que les food designers tentent d'explorer depuis plus de vingt-cinq années d'analyse de notre relation à la nourriture. Aujourd'hui, dans une industrie alimentaire en pleine crise et dans un système où la consommation est érigée en valeur culturelle et idéologique, le mangeur culpabilise et les profils se radicalisent. Comment peut-on aujourd'hui être carnivore tout en étant écoresponsable, sensible au bien-être animal tout en restant gourmand ? En repensant l'expérience globale de l'alimentation et en établissant de nouvelles limites, le food design propose une série d'alternatives durables et innovantes dont l'objectif est, avant toute chose, de nourrir l'estomac, les yeux et l'esprit.

In our Western society, eating is much more than just a basic function. Food is regarded as the affirmation of a life choice, a standpoint, and above all one of the most niche trends of globalised culture. Taking a photo of your food and then posting it on social media has become an automatic reflex for a whole generation of Internet-savvy young eaters. Sometimes referred to as food porn, this phenomenon is the perfect illustration of our controversial relationship with edible consumables. Junk food, food waste or overeating: understanding how we produce and consume puts food under the spotlight. There is no doubt that a good number of our food habits will have to change if we want to feed the world's entire population healthily by 2050. But are we ready for change?

There are alternatives out there, and they are starting to find a place for themselves: engineers, manufacturers and designers are coming up with new solutions for cooking up a better future for us. Their goal is to suggest unprecedented forms and uses that will lead to new approaches to production, distribution and consumption. Sometimes experimental or even conceptual, the ideas put forward by food designers in the 21st century pose questions and create a debate around the table. Although design has been applied occasionally through the course of the history of the food industry, it was in the mid-1990s that the term food design was first used. During the 20th century, a series of cultural, culinary, social and industrial influences would pave the way for this new branch of research, somewhere between industrial design, food engineering, food psychology and anthropology. To begin with, pioneers of this new discipline were interested in the properties of food as a material. Then, during the 2000s, the propositions evolved in line with our questions and concerns about the food system. With a sometimes anxiety-provoking approach to the future of food, food design questions our behaviour, our desires and our doubts as eaters. What kind of consumers are we, how do we see our impact in the current scheme of things, and what will we accept on our plates in the future?

These are just some of the uncertainties and questions that food designers have been trying to explore for more than twenty-five years as they have analysed our relationship with food. Today, as the food industry is in crisis, with a system in which consumption is held up as a cultural and idealogical value, eaters are riddled with guilt, and profiles are becoming more and more extreme. These days, how can we be carnivores at the same time as being eco-responsible and sensitive to animal welfare as well as continuing to enjoy eating, all at the same time? By rethinking the overall food experience and establishing new limits, food design puts forward a series of sustainable, innovative alternatives, whose goal is first and foremost to feed the stomach, the eyes and the mind.

# 1

INFLUENCES DU FOOD DESIGN

## 1.1 ART ET ALIMENTATION

Le repas est une des premières manifestations culturelles et sociales de l'humanité. Son analyse est primordiale dans la compréhension d'une civilisation. Depuis les peintures préhistoriques en passant par les natures mortes des maîtres flamands, la nourriture a inspiré de nombreux artistes au point de devenir le matériau et le moyen d'expression de leurs créations.

## LES FUTURISTES ITALIENS

C'est au début du XXe siècle que les milieux culturels de l'avant-garde s'intéressent à l'art des fourneaux. En 1912, le poète et critique d'art Guillaume Apollinaire (1880-1918) écrit : « La cuisine moderne va devenir scientifique, c'est-à-dire cubiste, tout comme la peinture ».[1] En effet, dans les marmites du mouvement futuriste italien se mijote une authentique révolution des papilles. En se basant sur les évolutions technologiques de la modernité et leur amour immodéré pour la machine et la vitesse, les futuristes amorcent une nouvelle façon d'aborder la nourriture. En 1931, Filippo Tommaso Marinetti (1876-1944) et Fillia, de son vrai nom Luigi Colombo (1904-1936) publient *Le Manifeste de la cuisine futuriste*[2], une véritable bombe gastronomique qui pose un regard visionnaire sur le futur de l'alimentation. Pour Marinetti, « on pense, on rêve et on agit en fonction de ce que l'on boit et de ce que l'on mange »[3]. Avec cette citation, il réinterprète la célèbre phrase du philosophe Ludwig Feuerbach (1804-1872) : « l'homme est ce qu'il mange »[4]. Dans leur volonté d'intégrer l'art à toutes les dimensions du quotidien, les futuristes utilisent la nourriture comme une sorte de langage poétique et plastique. Leurs créations culinaires, appelées *aéroplats,* se déclinent suivant les thèmes favoris du mouvement. On y retrouve le modernisme industriel avec le *PolloFiat* (un poulet farci aux roulements à billes et placé sur des coussins de crème fouettée) ou le virilisme avec le *Porcexcité* (un salami cru dressé au milieu d'une mare de café et d'eau de Cologne), ou encore *l'Ultraviril* (une queue de homard en coquille recouverte de sabayon et entourée de langues de veau tranchées).

Dès le début du mouvement, l'impact de la nourriture sur la créativité, la fécondité et l'agressivité de la race italienne est une des grandes préoccupations des futuristes. Avec leur slogan *Basta La pastasciutta !* (*À bas les pâtes !*), ils convoquent la science et la diététique pour déterminer la nocivité absolue des pâtes sur les performances humaines[5]. Lors d'un

---

1 — Guillaume Apollinaire, *Œuvres complètes,* A. Balland et J. Lecat, Paris, 1965-66, Volume II, p692.
2 — Filippo Tommaso Marinetti et Fillia, *La cucina futurista* in La Gazzetta del Popolo, Torino, 28 décembre 1930, p. 3
3 — « Si pensa, si sogna e si agisce secondo quel che si beve e si mangia » in Filippo Tommaso Marinetti et Fillia, *La cucina futurista* in La Gazzetta del Popolo, Torino, 28 décembre 1930, p. 3
4 — « Der Mensch ist, was er isst » in Ludwig Feuerbach, Sämtliche Werke (Leptzig, 1846-1866), X,5.
5 — Pour Marinetti, les mangeurs de pâtes ont un tempérament mélancolique et anti-viril car l'estomac alourdi n'est nullement favorable à l'enthousiasme physique pour la femme. L'artiste qualifie cette passion pour les pâtes de faiblesse qui va à l'encontre de l'objectif futuriste qui consiste à être aussi agiles, vifs, électriques, rapides et ardents que possible.

banquet à La Plume d'oie de Milan, le 15 novembre 1931, Marinetti disait ceci : « Je vous annonce le prochain lancement de la cuisine futuriste pour le renouvellement total du système alimentaire italien, qu'il est urgent d'adapter aux besoins des nouveaux efforts héroïques et dynamiques imposés à la race. La cuisine futuriste, libérée de la vieille obsession du volume et du poids, aura d'abord pour principe l'abolition des pâtes. Les pâtes, même si elles plaisent au palais, sont une nourriture passéiste parce qu'elles alourdissent, parce qu'elles abrutissent, parce que leur pouvoir nutritif est illusoire, parce qu'elles rendent sceptique, lent, pessimiste. Il convient d'autre part, d'un point de vue patriotique, de favoriser le riz ».[6]

Outre la dimension politique des banquets organisés par les futuristes, les composantes plastiques et symboliques sont des éléments fondamentaux de leur démarche. Mais contrairement aux projets de recherche dans le food design, elles prennent le pas sur les qualités gustatives des créations. Pour les futuristes, peu importe que les recettes soient faisables ou mangeables, il suffit qu'elles aient du sens. L'objectif d'un plat n'est plus vraiment d'être mangé mais plutôt d'être vu et compris. Le premier restaurant futuriste La Taverna del Santopalato ouvre ses portes à Turin en 1931. Lors du premier *aérorepas,* les convives sont invités à se placer autour d'une table en forme d'avion, dressée avec un service (serviettes comprises) en métal et en aluminium mais sans couverts. La dégustation des *aéroplats* est accompagnée simultanément de sensations olfactives, tactiles et sonores. Des serveurs vaporisent un parfum sur la nuque des convives tandis que ces derniers accompagnent chaque bouchée d'une caresse sur un rectangle composé de damas, de velours et de papier de verre, le tout en écoutant un opéra de Wagner. Manger « futuristement » est une expérience sensitive qui remet en cause les relations entre nos sens et la nourriture. Cette conception multisensorielle du repas est un thème qui sera souvent abordé par les food designers.

---

**6** — F.T. Marinetti et Fillia, *La cuisine futuriste*, traduit et présenté par Nathalie Heinich, Editions A. M. Métailié, Paris, 1982.

Pour Emilie Baltz (1978), nous vivons aujourd'hui dans la société technologique à laquelle aspiraient les futuristes. En 2018, avec *EAT | TECH | KITCHEN* (voir page 32), la food designer réinvente les histoires du Manifeste de Marinetti en expériences interactives du XXIe siècle. Dirigés par un « chef-robot » version intelligence artificielle, les convives sont invités à créer des expériences culinaires en combinant des ingrédients comestibles et « technologiques ».

Les recettes reflètent l'absurdité et la réalité, ou la façon dont nous consommons notre vie quotidienne. Dans une même optique, le projet *Aerobanquets RMX* (voir pages 32-33) de Mattia Casalegno (1981) interroge la façon dont les technologies augmentées vont révolutionner notre alimentation dans le futur. La manière dont nous construisons notre réalité est toujours une négociation entre nos sens et ce que notre cerveau analyse de l'environnement qui nous entoure. *Aerobanquets RMX* consiste essentiellement à recadrer nos perceptions et à changer notre façon d'apprécier les aliments en utilisant plusieurs technologies (modélisation 3D, réalité augmentée, réalité virtuelle...). En collaboration avec Flavio Ghignoni Carestia (1981), le duo a créé treize plats originaux inspirés des recettes futuristes. Les profils de saveur de chaque plat ont été systématiquement classés en paramètres de forme, de couleur, de texture et de points, qui ont ensuite été intégrés dans un moteur 3D. Ces treize modèles uniques vont être utilisés en tant que contrepartie virtuelle de la nourriture.

## LE EAT-ART

Dans les années 1960, une génération de plasticiens inspirés par Daniel Spoerri (1930) vont à nouveau briser les codes de la gastronomie et s'emparer du comestible comme support de leurs performances. Le Eat-art utilise l'aliment dans la création artistique à la fois comme sujet et objet d'art. Influencé par les théories culinaires futuristes de Marinetti, Daniel Spoerri propose un regard critique sur l'acte de manger, un acte essentiel et indispensable dans nos sociétés humaines. L'artiste sort la nourriture de son contexte, en donnant le statut de tableaux aux tables qu'il place à la verticale après y avoir fixé les restes d'un repas. Spoerri s'approprie le réel pour en faire de l'art, dans une démarche proche du ready-made de Marcel Duchamp (1887-1968). Dans le catalogue *Petit lexique sentimental autour de Daniel Spoerri*[7], le philosophe de la culture Hans Saner (1934-2017) décrit : « le Eat-art est l'art pour lequel même l'œuvre d'art est comestible, un art pour lequel il ne s'agit pas seulement de s'alimenter et de consommer, un art qui s'attache à tous les phénomènes alimentaires et humains en rapport avec la chaîne des aliments : préparation-ingestion-digestion-nettoyage-déchets. »

Appelé *chef Daniel*, l'artiste ouvre en 1968, à Düsseldorf, le Restaurant Spoerri, lieu culte du mouvement Eat-art, célèbre pour ses plats atypiques comme les escalopes de python, les omelettes de fourmis grillées ou les steaks de trompes d'éléphant. Le plasticien y réalise de nombreux événements et banquets, véritables spectacles gastronomiques entre arts plastiques et théâtre. Lors du *Diner-cannibale*, organisé par les artistes Claude (1925-2019) et François-Xavier Lalanne (1927-2008), le corps de ce dernier était reproduit grandeur nature sous forme comestible et « dépecé » puis servi en morceaux dans les assiettes des convives. Ces mises en scène éphémères ont une dimension sociale et remettent en question l'acte de manger, les habitudes gustatives ou l'universalité du goût. Ce concept de performance deviendra un moyen d'expression très prisé par les food designers contemporains afin de sensibiliser, choquer ou questionner le mangeur. En 1970, Spoerri ouvre la Eat-art Gallery qui permet à d'autres artistes comme Niki de Saint Phalle (1930-2002), Richard Lindner (1901-1978) ou le couple Dorothée Selz (1946) et Antoni Miralda (1942) de proposer leurs recherches plastiques sur la nourriture et nos habitudes alimentaires. Surnommé Miralda-Selz Traiteurs coloristes (1969-1973), le duo métamorphose le comestible par la coloration des aliments, provoquant des réactions ambivalentes, entre amusement et dégoût. Ces créations vont

---

7 — Jean-Paul Ameline, André Kamber, Hans Saner, Musée national d'art moderne, *Petit lexique sentimental autour de Daniel Spoerri*, Editions du Centre Pompidou, Paris, 1990.

intégrer leur *Cérémonials,* performances participatives où les repas étaient colorés en fonction d'un thème (noir et violet en hommage aux défunts, blanc pour le concept de *re-naissance*...). Bien que les futuristes aient été les précurseurs des happenings alimentaires, les banquets Eat-art ont permis de transgresser les normes des repas traditionnels et de faire entrer la notion du jeu autour de la table.

L'intrusion de l'art dans le secteur de l'alimentation va rendre plus perméables les limites bien définies de la cuisine et de la gastronomie. Une brèche dans une discipline ancestrale qui sera bénéfique au développement du food design. L'aliment n'est plus simplement le sujet mais devient l'objet et le matériau de création. Cette idée est soutenue par les propos de Marc Bretillot (1965), initiateur de l'enseignement du design culinaire à l'ESAD de Reims : « À l'origine, j'enseignais les matériaux. Comme je suis passionné de cuisine, j'ai découvert de plus en plus de liens entre les matériaux traditionnels et culinaires. [...] Je ne fais pas beaucoup de différence entre l'aliment et le bois, le verre ou le métal. D'ailleurs, les outils sont proches. Un économe ressemble à un rabot, un four à un four et une scie à une scie... »[8]

Le duo autrichien honey & bunny formé par Sonja Stummerer (1973) et Martin Hablesreiter (1974) imagine des performances stimulantes pour inciter le public à réfléchir sur notre nourriture, sa forme et les rites culturels qui l'entourent. En 2015, à Milan, avec le happening *FOOD sustainable DESIGN*, les deux designers conscientisent les convives aux conséquences politiques et écologiques de la consommation alimentaire. Chaque bouchée prise par les invités est un acte politique. En effet, notre façon de nous alimenter peut avoir des conséquences directes sur des conditions de travail inhumaines en Espagne, l'érosion des sols en Afrique centrale ou la déforestation en Amazonie.

Pour sa première performance comme food designer, en 1999, Marije Vogelzang (1978) utilise, en opposition à la vision occidentale, le blanc comme symbole de la mort. *White Funeral Meal* (voir page 34) est un repas réalisé à base de nourriture et de vaisselle complètement blanches et crée une atmosphère sereine en mémoire aux défunts. Ces performances autour de la nourriture réactivent les formes sociales de partage et d'échange.

---

**8** — Marc Bretillot et Thierry de Beaumont, *Design Culinaire : le manifeste*, ESAD de Reims et la Direction de la Culture de la Ville de Reims, 2004.

## 1.2   ÉVOLUTION DE LA CUISINE

Aujourd'hui, manger n'est plus seulement un simple besoin physiologique, c'est devenu une tendance parmi les plus pointues de notre culture mondialisée, au même titre que le design, la mode ou l'art contemporain. L'univers de la gastronomie et ses grands chefs forment une sorte de spectacle médiatisé où de nouvelles étoiles naissent chaque jour, glorifiées par la télévision et les réseaux sociaux. La *French cuisine* est devenue une référence internationale et un modèle gastronomique bien rodé aux attentes du public. Mais cette passion dévorante pour les chefs et leur univers est assez récente. Au cours des XIX^e et XX^e siècles, les cuisiniers sortent de l'ombre de leurs fourneaux et deviennent les protagonistes d'une cuisine traditionnelle codifiée par le génie des marmites, Auguste Escoffier [1846-1935]. Un art de l'excellence, véritable patrimoine national mais qui semble s'être figé depuis le XIX^e siècle.

## LA NOUVELLE CUISINE

Mai 68 éclate et une douce odeur de liberté se propage dans les casseroles de cette cuisine classique devenue trop lourde et sans doute trop prétentieuse. Comme pour le cinéma avec la Nouvelle Vague ou pour la littérature avec le Nouveau Roman, la gastronomie connaîtra aussi sa propre révolution. En 1973, les deux critiques Henri Gault (1929-2000) et Christian Millau (1928-2017) déclenchent un véritable tsunami dans l'art culinaire traditionnel. En inventant le concept de « nouvelle cuisine », ils font voler en éclats les dogmes de la gastronomie classique et remettent en question l'héritage d'Escoffier et de ses prédécesseurs. Cette nouvelle ère culinaire est représentée par une jeune génération de cuisiniers avant-gardistes, tels que Paul Bocuse (1926-2018), Michel Guérard (1933), Les frères Jean (1926-1983) et Pierre (1928) Troisgros, Alain Senderens (1939-2017), Alain Chapel (1937-1990), Jacques Pic (1932-1992), les frères Paul (1923-2008) et Jean-Pierre (1925-2008) Haeberlin ou Roger Vergé (1930-2015). Ces nouveaux chefs vont radicalement transformer l'image bourgeoise d'une gastronomie française endormie sur ses lauriers. Ils s'orientent vers une cuisine en relation avec les préoccupations de l'époque comme la préservation de la nature ou la contestation des hiérarchies sociales. Leur force sera de ne pas poser d'opposition entre tradition et innovation. La nouvelle cuisine, plus légère et personnelle, se centre sur les produits de marchés, la réduction des portions, la légèreté des sauces et l'utilisation des nouveaux outils : mixeurs, sorbetière, micro-ondes, cuissons à la vapeur... Pour bien comprendre le changement radical qu'illustre la nouvelle cuisine, il faut se souvenir qu'après les privations et les rationnements, la population se réconforte dans une alimentation qui abonde à nouveau. La cuisine traditionnelle devient un refuge dans un monde qui change et évolue rapidement. L'arrivée de la société de consommation dévoile une certaine bourgeoisie qui se gave avec complaisance. Elle est stigmatisée dans le film *La grande bouffe* (1973) du cinéaste Marco Ferreri (1928-1997), une fresque satirique où quatre bourgeois désespérés décident de manger jusqu'à ce que mort s'ensuive. Cette frénésie de la consommation va à l'encontre des valeurs revendiquées par les mouvements citoyens de l'aube des années 70 et partagées par Gault et Millau : « Rien ne nous révulse plus que ces gros messieurs apoplectiques attablés pour des repas qui s'éternisent ».[9]

---

9 — Gault&Millau, l'expert gourmand, *Notre Histoire*, sur le site du Guide Gault&Millau, https://fr.gaultmillau.com/pages/notre-histoire-gault-millau

Le premier guide gastronomique *Gault&Millau* sort en 1972. Les deux critiques y dressent une liste de leurs meilleures adresses et, en 1973, ils formulent dix commandements à destination des chefs qui veulent s'inscrire dans les valeurs modernes du mouvement[10] :

1. Tu ne cuiras pas trop.
2. Tu utiliseras des produits frais et de qualité.
3. Tu allégeras ta carte.
4. Tu ne seras pas systématiquement moderniste.
5. Tu rechercheras cependant ce que t'apportent les nouvelles techniques.
6. Tu éviteras marinades, faisandages, fermentations, etc.
7. Tu élimineras les sauces riches.
8. Tu n'ignoreras pas la diététique.
9. Tu ne truqueras pas tes présentations.
10. Tu seras inventif.

Avec leurs phrases choc et leurs dix commandements, les deux complices culinaires mènent une opération médiatique savamment orchestrée autour de la nouvelle cuisine. En effet, dans les années 1980, le cinéma, la presse écrite et bientôt la télévision vont réserver une place de choix à ces nouveaux visages de la gastronomie. Figure médiatique de cette nouvelle tendance, Paul Bocuse comprend très vite les enjeux de cette médiatisation autour des chefs. Avec les frères Troisgros, Roger Vergé et Michel Guérard, il participe à la diffusion de la nouvelle cuisine aux quatre coins du globe.

En dépit des critiques qu'elle a souvent suscitées, la nouvelle cuisine a ouvert la voie à tous les bouleversements culinaires ultérieurs, en France et dans le monde entier. Sa liberté, son ouverture et son pouvoir d'attraction médiatique bénéficient au développement du food design dans les années 1990 et 2000. Elle a rendu plus perméables les contours bien définis de l'art culinaire. Une souplesse qui permettra au design de s'infiltrer dans les casseroles des futures générations de chefs. En 1993, l'entremets *La cerise sur le gâteau* de Pierre Hermé (1961), en collaboration avec le designer 'Yan Pennor's (1957) est considéré comme une des premières rencontres effectives entre les deux disciplines. Quelques années plus tard, un des pionniers du food design, Stéphane Bureaux entame un long travail de sensibilisation des jeunes chefs et pâtissiers au processus du design général appliqué aux fourneaux. Il tente de créer des passerelles créatives entre les deux professions : « Parce qu''ils contingentent le plus souvent le design au

---

**10** — Henri Gault, « Vive la nouvelle cuisine française », *Gault&Millau*, n°54, octobre 1973.

décor d'une vaisselle ou d'un restaurant, je suis allé chercher volontairement les cuisiniers dans leur pré carré de procédés, de techniques, et de cuissons »[11]. Une collaboration parfois difficile, comme le souligne également Marc Bretillot : « La cuisine est la dernière discipline à ne pas avoir eu accès au design. On ne se pose pas la question quand un éditeur de meubles fait appel à un designer pour concevoir une chaise. Dans les métiers de bouche, ce n'est pas encore vraiment accepté même si cela suscite beaucoup de curiosité chez les grands chefs. C'est dû au corporatisme et au poids de la tradition »[12]. Le food designer n'est pas un cuisinier, ce qui lui permet une analyse différente du principe empirique d'une recette favorisant une nouvelle façon de voir les choses. Mais c'est dans le domaine des arts de la table que cette collaboration sera la plus fructueuse. Témoins de notre rapport à la nourriture, il ne faut pas les confondre avec l'approche du food design. En effet, le rôle du food designer sera de suggérer des formes et des usages inédits qui induiront de nouvelles pratiques. En imaginant le contenant en amont du projet, on obtient une création dotée d'une nouvelle vision.

### LA CUISINE MOLÉCULAIRE

En 1988, le physico-chimiste Hervé This (1955) et le physicien Nicholas Kurti (1908-1998) posent les mots « gastronomie moléculaire » sur leurs recherches entre science de l'aliment et technologie des procédés. Une discipline qui a pour objectif la recherche des mécanismes et des phénomènes qui surviennent lors des transformations culinaires. Pour This, il ne faut pas la confondre avec la *cuisine* moléculaire, qui en est une application. En effet, la *gastronomie* moléculaire ne produit que des connaissances, pas de mets. De nombreux chefs contemporains vont utiliser ses résultats dans l'élaboration de leur carte mais aussi dans leur communication. Le terme « cuisine moléculaire » est propulsé par les médias et crée l'image d'un cuisinier technologique, parfois même apprenti-sorcier des fourneaux. Ces nouveaux chefs vont dématérialiser l'aliment qui n'est plus considéré comme une fin en soi. Selon Stephan Lagorce, ingénieur des Sciences et Techniques des Industries Agro-alimentaires[13] : « Le principe, au fond, est assez simple et appliqué de manière systématique : extraire, concentrer la saveur d'un produit donné (une moule ou un malabar) pour la restituer d'une manière aussi évanescente que possible : mousse, vapeur, fumée, bille fondante... ». Bien souvent décrié, le concept de cuisine moléculaire

---

11 — Stéphane Bureaux, *Tool's food*, catalogue d'exposition (Galerie Fraich'attitude, 23 février- 12 mai 2007), Paris, 2007.

12 — Marc Bretillot et Thierry de Beaumont, *Culinaire Design*, Editions Alternatives, Paris, 2010.

13 — Stephan Lagorce, *Cuisine moléculaire : l'hagard-hagard dans les assiettes*, sur le site internet de Stephan Lagorce, http://www.stephan-lagorce.com/

a pourtant permis que les cuisiniers acceptent de rénover leurs pratiques et de modifier leurs ingrédients, leurs ustensiles et leurs méthodes. Il a réussi à s'infiltrer durablement dans les autres styles culinaires contemporains, tant et si bien que l'on retrouve sur les menus de restaurant « traditionnels » : espuma, perles d'alignate ou fumées parfumées.

Dans une certaine ébullition médiatique, la presse va désigner le chef Ferran Adrià (1962) comme une des principales figures de la cuisine moléculaire. Pourtant, le cuisinier se refuse à attribuer une simple origine scientifique à ses créations. Bien qu'il existe une influence avouée de la science dans la cuisine du chef catalan, elle ne représente qu'une infime partie de son travail de recherche culinaire. D'autres disciplines viennent enrichir son processus de création comme le design, l'architecture, le graphisme ou même le langage des signes. Sur le site de sa fondation, Adrià déclare : « La cuisine moléculaire n'est pas un type de cuisine. Pour bien cuisiner, il est nécessaire d'avoir plusieurs connaissances comme l'histoire, la technique, les produits, la tradition et la modernité, les procédés culinaires... Et ensuite, penser, débattre, répéter, réfléchir, choisir... Et enfin, questionner à nouveau nos certitudes des centaines de fois. Et si entre-temps, nous avons besoin de consulter la science ou les livres d'histoire ou de n'importe quelle autre discipline créative, il ne s'agira que de nouvelles connaissances pour renforcer notre philosophie culinaire. »[14] En s'appuyant sur l'histoire et sur les innovations actuelles, le chef théorise la cuisine contemporaine, au même titre qu'Escoffier dans son livre *Le Guide culinaire* de 1902.

**14** — Ferran Adrià, *Sobre la cocina molecular*, sur le site internet de elBullifoundation. https://elbullifoundation.com/

Ferran Adrià va au-delà du simple concept de se nourrir en matérialisant dans l'assiette connaissance et créativité. Une vision presque philosophique de l'alimentation mais basée sur une méthodologie très proche du design et de son processus créatif [15] :

1. Être ordonné et organisé au maximum afin de disposer d'une liberté totale pour créer.
2. Se questionner continuellement, ce qui amène une nouvelle façon de comprendre les choses.
3. Relier connaissances et créativité, ordre et efficacité.
4. Être spontané, multitâche, travailler individuellement et en équipe.

Le travail du chef est une source d'inspiration intarissable pour le food design : introduction du jeu dans l'alimentation, production d'émotions culinaires, création d'ustensiles de dégustation, proposition de nouvelles textures d'aliment, utilisation de techniques innovantes... Le chef ne pose aucune limite à sa créativité. Il utilise la technologie pour enrichir l'art culinaire, tout comme l'a fait Antonin Carême (1784-1833) avec l'étude de l'architecture pour la réalisation de ses pièces montées. La médiatisation du chef catalan et, d'une façon plus générale, le concept d'une cuisine créative, vont légitimer les recherches et les expérimentations dans le food design.

En 2009, le designer Marc Bretillot et le scientifique David Edwards (1961) créent le *Whaf*, en collaboration avec le chef Thierry Marx (1959) pour les saveurs. Le *Whaf* (voir page 37) permet de découvrir les aliments d'une façon innovante en transformant n'importe quelle boisson en vapeur à déguster.

**15** — Sobre ElBulliFoundation, sur le site internet de elBullifoundtion, https://elbullifoundation.com/
1. Estar ordenados y organizados al máximo para disponer de una libertad radical para crear.
2. Imponer el cuestionamiento continuo que provoca una nueva manera de comprender las cosas
3. Relacionar el conocimiento y la creatividad, el orden y la eficiencia.
4. Inmediatez, multitarea, trabajo individual / trabajo en equipo.

## 1.3 DESIGN ET INDUSTRIE ALIMENTAIRE

Les avancées en matière de conservation de la nourriture et de transformation des aliments sont le résultat d'un ensemble d'expérimentations et d'observations ancestrales. Dès les débuts de l'humanité, l'homme a transformé les aliments naturels qu'il découvrait pour répondre à des problématiques de conservation, de consommation ou de transport. On peut considérer que l'histoire de « l'industrie alimentaire » commence au Néolithique, en même temps que celle de l'agriculture et de la sédentarisation. Son objectif est de transformer les matières premières agricoles périssables en denrées stockables et utilisables pour la préparation des repas.

L'industrie alimentaire telle qu'on la comprend aujourd'hui est née au XIXᵉ siècle, en pleine révolution industrielle. Comme pour le textile ou la métallurgie, elle trouve son origine dans les innovations technologiques telles que la stérilisation thermique [1802] de Nicolas Appert [1749-1841] ou la machine frigorifique à ammoniaque [1859] de Ferdinand Carré [1824-1900]. À l'aube du XXᵉ siècle, les premières grandes firmes agro-alimentaires comme Nestlé en Suisse, Unilever aux Pays-Bas et au Royaume-Uni ou Liebig en Allemagne vont s'installer dans les principales villes européennes.

Au cours du XXᵉ siècle, la production et la distribution de la nourriture subissent des changements majeurs. Éloignée des zones rurales d'élevage et de culture, la concentration urbaine de la population amène une réflexion profonde sur l'ensemble du fonctionnement de l'industrie alimentaire. Cette distance « producteur-consommateur » induit de nouvelles méthodes pour le conditionnement, la conservation, le transport ou la distribution de la nourriture vers les zones urbanisées. Ces pratiques industrielles entraînent des modifications dans la structure et dans l'aspect visuel des aliments façonnés à partir d'une préparation moulable comme les biscuits, les chocolats ou les pâtes. L'ancienne production artisanale fait place à des produits commercialisables, équilibrés d'un point de vue nutritionnel et dotés de caractéristiques normalisées, telle qu'une forme géométrique pratique ou une couleur déterminée, le tout dans un emballage reconnaissable (le Toblerone, le Petit Lu, l'Apéricube ou l'Ourson Harribo).

Comme le soulignent Marinella Ferrara [1971], Professeur de design industriel à l'École Polytechnique de Milan et Sonia Massari [1977], Directrice de l'International Institute for Food Studies à Rome : « la transition vers une société de masse a créé un environnement propice à l'interaction entre le monde de l'alimentation et le design ». [16] Le design industriel va devenir un allié de choix dans un secteur où se développent des outils et des dispositifs de plus en plus standardisés. À partir de la fin du XIXᵉ siècle, l'enregistrement de brevets pour les nouvelles créations alimentaires confirment la valeur formelle accordée aux produits. Mais dans ce contexte industriel, les compétences de l'ingénierie des aliments et celle du design des aliments se chevauchent.

---

[16] — Marinella Ferrara et Sonia Massari, *Evoluzione del concept food design: interszioni storiche tra cibo, design e cultura alimentare occidentale,* sur le site Associazone Italiana del design, http://www.aisdesign.org/aisd/evoluzione-del-concept-food-design

Dans son livre *La mécanisation au pouvoir* [17], Sigfried Giedion (1888-1968) atteste clairement d'une relation étroite entre le design et la production alimentaire. L'historien et critique de l'architecture analyse l'intégration progressive des méthodes de production dans l'industrie manufacturière du XIXᵉ siècle et les effets de la mécanisation dans la vie quotidienne, les espaces agricoles et domestiques. Pour l'historien du design Victor Margolin (1941) : « cette économie alimentaire a créé de nouveaux métiers liés à la culture, au transport, à la vente et à la cuisson des aliments et façonné de nouveaux paysages alimentaires dans l'agriculture, les transports, la distribution en gros, le marketing de détail ou dans la vente de nourriture pour les supermarchés, les stands, les restaurants. Le design a certainement été un élément central de tous ces processus d'évolution ». [18] L'utilisation du design dans l'industrie alimentaire va satisfaire une série de besoins spécifiques tels que la commodité, la durabilité, la transportabilité, la fonctionnalité, la fraîcheur et la sécurité alimentaire, mais aussi la nouveauté, la spécification et la préservation des traditions.

Dans leur livre *Food design XL*, Sonja Stummerer et Martin Hablesreiter vont identifier les trois objectifs du design dans l'industrie alimentaire :

1. Augmenter le plaisir sensoriel et sensuel dans la consommation de nourriture.
2. Remplir les aspects fonctionnels d'un produit.
3. Transmettre une valeur culturelle.

Les deux food designers reviennent sur les origines de la forme des aliments et de son utilisation dans l'industrie contemporaine : « En Europe, environ dix mille nouveaux produits alimentaires sont lancés chaque année. Sur ce nombre, cinquante pour cent échouent dans un délai de trois mois et un seul produit sur vingt reste sur le marché plus de deux ans ». [19] La réussite commerciale d'un produit est la somme de différents facteurs analysés par les industriels de l'alimentation. Effectivement, de nombreuses études montrent que la couleur d'un aliment, sa consistance ou son bruit influencent notre perception gustative. Ces données sont parfaitement intégrées dans le processus de conception industrielle. En 2013, les études de Charles Spence (1969), psychologue à l'Université d'Oxford, prouvent que la couleur d'un plat ou d'une boisson peut déterminer si ce plat est appétissant ou pas, mais aussi influencer la saveur et

**17** — Sigfried Giedon, *Mechanization Takes Command, A Contribution to Anonymous History*, New York, Oxford University Press, 1948.

**18** — Marinella Ferrara et Sonia Massari, *Evoluzione del concept food design: intersezioni storiche tra cibo, design e cultura alimentare occidentale*, sur le site Associazone Italiana del design, http://www.aisdesign.org/aisd/evoluzione-del-concept-food-design

**19** — Martin Hablesreiter et Sonja Stummerer, *Food design XL*, Springer -Verlag, Vienne, 2010.

l'odeur ressenties.[20] Dans l'imaginaire collectif, la couleur rouge est associée à une sensation de fraîcheur sucrée et juteuse, issue de fruits comme la fraise, la cerise ou la framboise. Pour ses célèbres Ourson d'or, la marque Haribo joue sur cette association mentale par le consommateur. Preuve à l'appui, dans un sachet de 250gr de leurs bonbons, on en dénombre quarante-et-un rouges, vingt-trois oranges, seize verts, seize jaunes et douze blancs. La consistance représente également une partie énorme de notre perception d'un aliment, parfois plus importante que le goût. Soixante pour cent de ce que l'on ressent viendrait de la consistance d'un produit en bouche.[21] Suivant que l'on croque, suce ou mastique, différentes sensations sont envoyées depuis notre cavité buccale vers le reste de notre corps. Dans la conception des bonbons au chocolat, les industriels offrent différents niveaux de textures dans un seul et même produit. L'objectif est de créer une sensation de plaisir chez le consommateur.

Dans les années 1980, en pleine médiatisation du design, une collaboration semble se profiler entre les industriels de l'agro-alimentaire et les designers. En 1983, Giorgetto Giugiaro (1938), dessinateur d'automobiles, dont la célèbre *DeLorean DMC-12*, imagine la *Marille*, une pâte alimentaire rappelant le joint d'étanchéité des portes de voitures. Hélas, sa cuisson complexe rendra sa commercialisation difficile et elle disparaîtra quelques années plus tard. La « pasta » est un véritable objet tridimensionnel qui nécessite une étude approfondie de sa résistance à la cuisson et de sa capacité à accrocher la sauce. Son identité et ses caractéristiques sont analysées par Alessi dans le *Pastario*, publié en 1985. Véritable atlas illustré de la pâte, le livre peut être considéré comme un des premiers ouvrages sur le design culinaire. Par la suite, d'autres marques font appel aux compétences du design pour booster leur image commerciale. En 1987, quelques grands noms du design comme Philippe Starck (1949), Christian Ragot (1933) ou Michel Cadestin (1942) participent au concours lancé par Panzani dont l'objectif est de réinventer la forme de leurs pâtes.

**20** — Shankar, Maya U., Carmel A Levitan, John Prescott and Charles Spence. "The Influence of Color and Label Information on Flavor Perception." *Chemosensory Perception 2* (2009): 53-58.
**21** — *Food design – The film*, Nikolaus Geyrhalter, Wolfgang Widerhofer, Markus Glaser, Michael Kitzberger & Martin Hablesreiter, 2009, Court métrage/Documentaire, 52 min.

Une autre collaboration de l'industrie alimentaire avec le monde du design est celle de la marque Häagen-Dazs. Florence Doléac (1968), Patrick Jouin (1967), Nendo (1977), les frères Humberto (1953) et Fernando (1961) Campana ou Jaime Hayon (1974) seront sollicités par la marque de crème glacée pour imaginer leurs célèbres desserts de fin d'année. Il semblerait donc que les grandes entreprises aient compris les bénéfices d'un duo industriel-designer. Pourtant, ces collaborations restent exceptionnelles. L'industrie a tendance à réduire le design à un aspect purement commercial et marketing. En prenant l'exemple du packaging, Stéphane Bureaux souligne que « l'idéal serait d'inverser le processus et de placer le récit avant la fabrication au lieu d'essayer de trouver du sens au produit fini par des astuces de communication. L'emballage pourrait être envisagé comme un médium intelligent entre le produit et le consommateur. Même si les contraintes sont présentes (réglementation d'hygiène, acheminement). »[22] En travaillant avec l'industrie agro-alimentaire, Marc Bretillot souhaite, quant à lui, révéler une image de l'aliment plus proche de la réalité. En effet, nous sommes écartés du système de production et de la provenance de ce que l'on retrouve dans nos assiettes. La complexité croissante du système alimentaire mondial fait apparaître les effets négatifs du développement technologique et industriel. Une certaine distance s'est installée entre les systèmes de production et les systèmes de consommation et la méfiance du consommateur face à l'industrie agro-alimentaire s'est accrue ces vingt dernières années. L'utilisation des aliments transgéniques, les problèmes liés à la santé et à la nutrition ou la conscientisation du mangeur sur la question du bien-être animal commencent à influencer les choix du consommateur. Ces nouvelles données vont se traduire par une certaine résistance sociale vis-à-vis du secteur industriel. Les citoyens sont demandeurs d'une consommation plus responsable et respectueuse de l'environnement. Un phénomène qui va trouver dans le food design un allié de choix en tant que discipline répondant aux nouvelles situations sociales, politiques, économiques et culturelles en matière de production de biens (produits et technologie) et de services.

---

22 — Cécile Cau et Stéphane Bureaux, *Design Culinaire*, Editions Eyrolles, Paris, 2011.

**Filippo Tommaso Marinetti** (1876-1944)
et une servante, 1932

© agefotostock® via BELGAIMAGE

**Umberto Boccioni**
(1882-1916),
*Dinamismo di un ciclista*, Italie,
1913 - oil on canvas,
70 x 95 cm,
Gianni Mattioli,
Collection Peggy
Guggenheim Collection,
Venice.

**Nikolay Diulgheroff**
(1901-1982),
Affiche photo-montage
du premier banquet
futuriste au Restaurant
Santopalato, Turin 1931
© Beinecke Rare Book and
Manuscript Library, Yale University

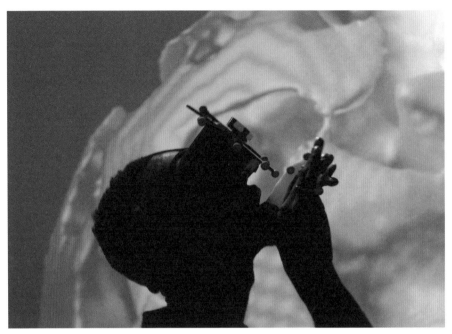

**Mattia Casalegno,**
*Aerobanquets RMX*
Installation view at FoodHack Festival, Gwangju 2019
© photo Mattia Casalegno

**Emilie Baltz,**
*EAT | TECH | KITCHEN,*
IDFA DOCLAB commission, 2018
© photo Nichon Glerum

**Dorothée Selz et Antoni Miralda,**
Miralda-Selz Traiteurs coloristes (1969-1973),
Affiche Banquet Eat-art au Restaurant
Spoerri, Dusseldorf, 4 juin 1971
© Archives Dorothée Selz et Archives Antoni Miralda

**Marije Vogelzang**,
*White Funeral Diner*,
1999
© photo Marije Vogelzang

**Dorothée Selz et Antoni Miralda,**
Miralda-Selz Traiteurs coloristes (1969-1973),
Affiche Banquet Eat-art
au Restaurant Spoerri,
Dusseldorf, 4 juin 1971
© Archives Dorothée Selz et Archives Antoni Miralda

Fig. 56. — Grosse meringue à la parisienne.

**Marie-Antoine Carême**,
*Grosses meringues à la parisienne*,
extrait *Le pâtissier national
parisien*, ou *Traité élémentaire et
pratique de la pâtisserie ancienne
et moderne*, Paris, 1879

**David Edwards et Marc Bretillot**,
*Whaf – Clouds of Flavors*,
2009

© Phase One Photography

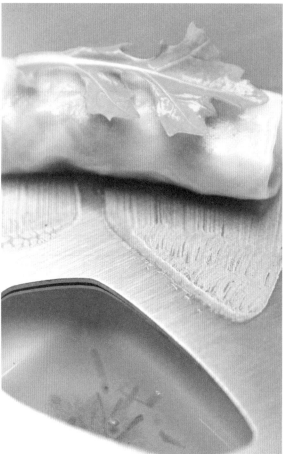

**Germain Bourré**,
*Tourteau et langoustine
et quart de tour*,
Germain Bourré, 2009

© photo Germ-Studio

**Ferran Adrià,** *Deshielo*, 2005 © photo Francesc Guillamet

**Atelier lachaert dhanis,** *Shards*, 2009 © photo Tony Leduc

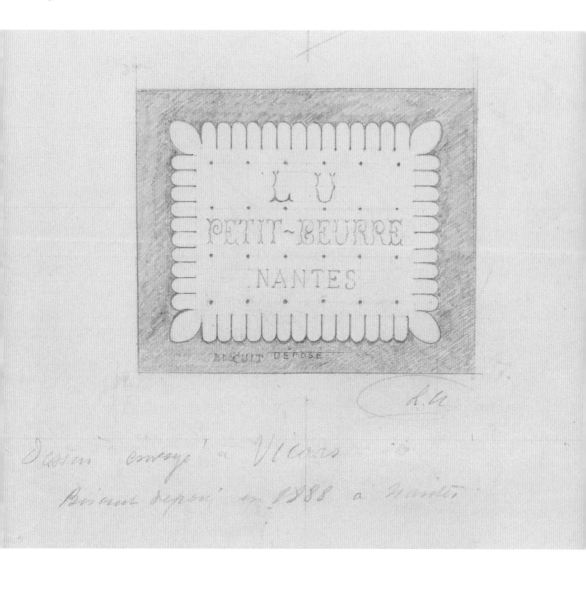

© Henri du Cray

**LE PETIT-BEURRE
Dessin de Louis Lefèvre-Utile,
vers 1886, crayon sur papier.**

Cette œuvre mythique est le
premier dessin du « Petit-Beurre »
né sous la main de Louis Lefèvre-
Utile. Ce tracé original est
monogrammé de la main du jeune
industriel nantais ; on peut y lire
les annotations suivantes :
«Dessin envoyé à Vicars,
biscuit déposé en 1888 à
Nantes». Le Musée d'Histoire de
Nantes possède deux dessins
préparatoires du célèbre biscuit :
le calque tracé à l'encre faisant
office de dessin technique en vue
de la fabrication des matrices en
bronze et l'étude typographique
du lettrage. Ce précieux et
émouvant document est l'étude
définitive de ce qui va devenir le
biscuit le plus célèbre du monde
commercialisé par LU depuis 1887.

18 X 18 cm

Fonds Fruneau-Maigret - Lausanne, Suisse

**LE PETIT-BEURRE
Drawing by Louis Lefèvre-Utile,
circa 1886, pencil on paper.**

This mythical work is the first
drawing of the «Petit Beurre» born
under the hand of Louis Lefèvre-
Utile. This original drawing is
monogrammed in the hand of the
young industrialist from Nantes;
the following annotations can
be read: «Drawing sent to Vicars,
biscuit deposited in 1888 in
Nantes». The Museum of History
of Nantes has two preparatory
drawings of the famous biscuit:
the tracing traced in ink serving
as a technical drawing for the
manufacture of the bronze dies
and the typographic study of
the lettering. This precious and
moving document is the definitive
study of what was to become the
most famous biscuit in the world
marketed by LU since 1887.

18 X 18 cm

Fonds Fruneau-Maigret - Lausanne, Switzerland

*Projets de pâtes pour Panzani*, 1985

@ S.Bureaux

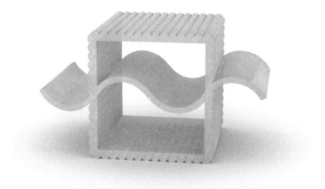

**Nemo**

**Philippe Starck**

Michel Cadestin

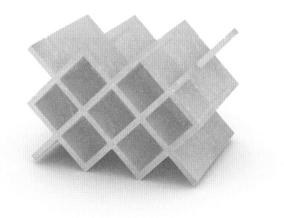

Christian Ragot

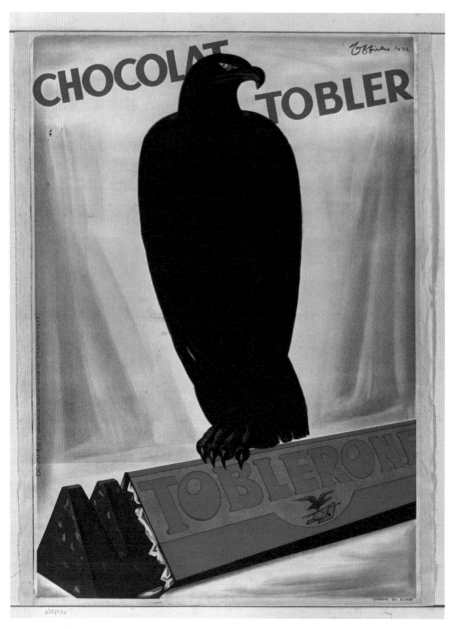

**Leonetto Cappiello** (1875-1942),
*Affiche Chocolat Tobler Toblerone*, 1932
© Bibliothèque nationale de France, ENT DN-1
[CAPPIELLO,Leonetto/10]-ROUL

# 1

FOOD DESIGN INFLUENCES

# 1.1   ART AND ALIMENTATION

The meal was one of the first cultural and social manifestations of humanity. Analysing meals is primordial in order to gain an understanding of a civilisation. From prehistoric cave paintings to the still lifes of the Flemish masters, food has inspired countless artists and has become the material and means of expression for their creations.

## ITALIAN FUTURISTS

In the early 20th century, avant-garde cultural circles began to take an interest in the art of cooking. In 1912, the poet and art critic Guillaume Apollinaire (1880-1918) wrote: "Modern cuisine is becoming scientific, that is to say cubist, just like painting."[1] In the saucepans of the Italian futurist movement, an unquestionable tastebud revolution was brewing. Based on modern, technological evolutions and their unbridled love of machines and speed, the futurists developed a new approach to food. In 1931, Filippo Tommaso Marinetti (1876-1944) and Fillia, whose real name was Luigi Colombo (1904-1936), published *The Manifesto of Futurist Cooking*[2], a truly gastronomic bombshell that took a visionary look into the future of food. For Marinetti, "We think, dream and act according to what we drink and eat."[3] With this citation, he reinterpreted the famous phrase of the philosopher Ludwig Feuerbach (1804-1872): "Man is what he eats."[4] In their determination to integrate art into all dimensions of daily life, futurists used food as a sort of poetic and visual language. Their culinary creations varied in response to the movement's favourite themes. We find there industrial modernism with the *Pollo Fiat* (chicken stuffed with ball bearings presented on cushions of whipped cream) or virility with *Porco eccitato* (cured salami placed upright in the middle of a plate of coffee and eau de Cologne), and *Ultraviril* (a lobster tail in its shell covered with zabaglione garnished with slices of veal tongue).

From the outset of the movement, the impact of food on the creativity, fecundity and aggressiveness of the Italian race was one of the futurists' major concerns. With their slogan *Basta La pastasciutta!* (Down with pasta!), they appealed to science and dietetics to decree the absolute toxicity of pasta for human performance.[5] At one of their banquets, known as aeropranzi, in La Plume d'oie in Milan on 15th November 1931, Marinetti announced the following: "I can announce to you the forthcoming launch of futurist cuisine for the total renewal of the Italian food system, for it is urgent to adapt to the

---

**1** — Guillaume Apollinaire, *Œuvres complètes*, A. Balland and J. Lecat, Paris, 1965-66, Volume II, p. 692.

**2** — Filippo Tommaso Marinetti and Fillia, *La cucina futurista* in La Gazzetta del Popolo, Torino, 28th December 1930, p. 3

**3** — "Si pensa, si sogna e si agisce secondo quel che si beve e si mangia" in Filippo Tommaso Marinetti and Fillia, *La cucina futurista* in La Gazzetta del Popolo, Torino, 28th December 1930, p. 3

**4** — "Der Mensch ist, was er isst" in Ludwig Feuerbach, Sämtliche Werke (Leipzig, 1846-1866), X,5.

**5** — For Marinetti, pasta-eaters have a melancholic, anti-virile temperament because their heavy stomachs are totally unsuited to physical interest in women. The artist qualified this passion for pasta as a weakness that ran counter to the futurist objective, which consists of being as agile, lively, electric, quick and ardent as possible.

needs of the new, heroic and dynamic efforts imposed on the race. Futurist cuisine, freed from the old obsession with volume and weight, will have as its first principle the abolition of pasta. Even if it is pleasing to the palate, pasta is an old-fashioned food, because it weighs you down, it stultifies, because its nutritional powers are illusory and because it makes you sceptical, slow and pessimistic. From a patriotic viewpoint, it is better to promote rice."[6]

Beyond the political dimension of the banquets organised by the futurists, the visual and symbolic components were fundamental elements of their approach. But unlike the research projects of food design, they were not concerned about how appetising their creations were. For futurists, it was of little importance that the recipes were feasible or edible; they simply had to have meaning. The objective of a meal was not so much to be eaten, but rather to be seen and understood. The first futurist restaurant, La Taverna del Santopalato, was opened in Turin in 1931. During the first *aeropranzi,* the guests were invited to gather around a table in the shape of an aeroplane, laid out with metal (including the serviettes) and aluminium but with no cutlery. The tasting of the *aeropranzi* was accompanied simultaneously by olfactive, tactile and auditory sensations. The waiters sprayed perfume onto the napes of the diners' necks, as they savoured each mouthful stroking on a rectangle composed of damask, velvet and sandpaper, listening to an opera by Wagner. Eating "futuristically" is a sensory experience which questions the relationship between our senses and food. The multi-sensorial conception of the meal is a theme that is often considered by food designers.

---

**6** — F.T. Marinetti and Fillia, *La Cucina Futurista*, (ed. Pietro Frassica), Milan, Viennepierre Edizioni, 2009.

For Emilie Baltz (1978), we are currently living in a technological society to which the futurists aspired. In 2018, with *EAT | TECH | KITCHEN* (see page 32), the food designer reinvented the stories of Marinetti's Manifesto in 21st century, interactive experiences. Guided by an artificial intelligence version of a "robot chef", guests were invited to create culinary experiences by combining edible and 'technological' ingredients. The recipes reflect absurdity and reality, or the way we consume our everyday lives. In the same vein, the *Aerobanquets RMX* (see pages 32-33) project by Mattia Casalegno (1981) questions the way in which augmented technologies will revolutionise our food in the future. The way we construct our reality is always a balance between our senses and what our brain analyses in our surrounding environment. *Aerobanquets RMX* consists essentially of reframing our perceptions and changing our way of appreciating food by means of various technologies (3D modelling, augmented reality, virtual reality, etc.). Working with Flavio Ghignoni Carestia (1981), the duo created thirteen original dishes inspired by futurist recipes. The flavour profiles of each dish were systematically categorised by shape, colour, texture and points, which were then fed into a 3D motor. These thirteen unique models were used as a virtual alternative to food.

## EAT-ART

In the 1960s, a generation of visual artists inspired by Daniel Spoerri (1930) once again broke with the codes of gastronomy and used food as a support for their performances. Eat-art uses food in the artistic creation both as the subject and the object of art. Influenced by Marinetti's futurist culinary theories, Daniel Spoerri took a critical look at the act of eating, an essential, indispensable act in our human societies. The artist removed the food from its context and gave it the status of paintings on the tables, which he placed vertically after having attached the remains of a meal to them. Spoerri appropriated reality and turned it into art in an approach similar to the ready-mades of Marcel Duchamp (1887-1968). In the catalogue *Petit lexique sentimental autour de Daniel Spoerri* [7], the cultural philosopher Hans Saner (1934-2017) explained: "Eat-art is the art for which even the work of art is edible, an art whose aim is not only to feed oneself and to consume, an art which connects with all the alimentary and human phenomena related to the food chain: preparation-ingestion-digestion-cleaning-waste."

Known as *chef Daniel*, the artist opened the Restaurant Spoerri in 1968 in Düsseldorf. It was a cult venue for the Eat-art movement, famed for such unusual dishes as python escalopes, grilled ant omelettes and elephant trunk steaks. The visual artist held numerous events and banquets there, truly gastronomic spectacles half-way between visual art and theatre. During the *Diner-cannibale*, organised by the artists Claude (1925-2019) and François-Xavier Lalanne (1927-2008), a life-size model of the latter's body was reproduced in edible form and "carved up", before being served up to the guests. Such ephemeral performances have a social dimension and make us question the act of eating, gustatory habits and the universality of taste. This concept of performance was to become a highly-favoured means of expression for contemporary food designers in order to raise awareness, shock or question the eater. In 1970, Spoerri opened the Eat-art Gallery, which enabled other artists, including Niki de Saint Phalle (1930-2002), Richard Linder (1901-1978) and the couple Dorothée Selz (1946) and Antoni Miralda (1942) to present their own visual research into food and our eating habits. Nicknamed Miralda-Selz Traiteurs coloristes (1969-1973), the duo metamorphosed food by colouring it to provoke ambivalent reactions, between amusement and disgust. These creations formed part of their *Cérémonials,* participative performances in

7 — Jean-Paul Ameline, André Kamber, Hans Saner, Musée national d'art moderne, *Petit lexique sentimental autour de Daniel Spoerri, Editions du Centre Pompidou, Paris, 1990.*

which meals were coloured according to a theme (black and purple in homage to the dead, white for the concept of *renewal*, etc.). Even though the futurists had been the precursors of food happenings, the Eat-art banquets made it possible to transgress the norms of traditional meals and to include the notion of playfulness around the table.

Art's intrusion into the food sector made the clearly-defined limits of cooking and gastronomy more permeable. This breach in the ancestral discipline was to benefit the development of food design. Food was no longer simply the subject but also became the object and material of creation. This idea is supported by the words of Marc Bretillot (1965), who began teaching culinary design at ESAD in Reims: "Originally, I gave lessons about equipment. As I am passionate about cooking, I discovered more and more connections between traditional tools and culinary equipment. [...] I didn't really make the distinction between food and wood, glass or metal. Furthermore, the implements are similar. A grater looks like a rasp, an oven is like a kiln and a saw is a saw..."[8]

The Austrian duo honey & bunny, comprising Sonja Stummerer (1973) and Martin Hablesreiter (1974) devised stimulating performances that incite the public to think about food, its shape and the cultural rites surrounding it. In 2015 in Milan, with the *FOOD sustainable DESIGN* happening, the two designers made their guests aware of the political and ecological consequences of food consumption. Each mouthful taken by the guests was a political act. Indeed, our way of nourishing ourselves can have direct consequences on inhuman working conditions in Spain, soil erosion in Central Africa and deforestation in the Amazon.

For her first performance as a food designer in 1999, in contrast to the western vision, Marije Vogelzang (1978) used white as a symbol of death. *White Funeral Meal* (see page 34) was a meal consisting of completely white food and crockery, which created a serene atmosphere in memory of the dead. These performances around food reactivate the social forms of sharing and exchange.

---

8 — Marc Bretillot and Thierry de Beaumont, *Design Culinaire : le manifeste*, ESAD Reims and the Department of Culture of the City of Reims, 2004.

## 1.2  THE EVOLUTION OF CUISINE

Nowadays eating is no longer a simple, physiological need. It has become one of the leading trends in our globalised culture, along the lines of design, fashion and contemporary art. The world of gastronomy and its leading chefs form a sort of media show in which new stars are born every day, glorified by television and social networks. *French cuisine* has become an international reference and a gastronomic model that is well-adapted to the public's expectations. But this all-consuming passion for chefs and their world is a quite recent phenomenon. During the 19th and 20th centuries, chefs emerged from the shadows of their kitchens and became the protagonists of a traditional cuisine that was codified by the genius of the saucepans, Auguste Escoffier (1846-1935). Theirs was an art of excellence, a truly national heritage, even if it was apparently stuck in the 19th century.

## NOUVELLE CUISINE

May '68 broke out and with it, a subtle aroma of freedom wafted over the pans of this classic cuisine, which had become too heavy and no doubt too pretentious. As in cinema with the Nouvelle Vague, or in literature with the nouveau roman, gastronomy also had its own revolution. In 1973, the two critiques Henri Gault (1929-2000) and Christian Millau (1928-2017) caused something of a tsunami in traditional culinary art. By inventing the concept of "nouvelle cuisine", they brought the dogma of classic gastronomy crashing down and questioned the heritage of Escoffier and his predecessors. This new culinary era was represented by a young generation of avant-garde chefs, including Paul Bocuse (1926-2018), Michel Guérard (1933), The Troisgros brothers: Pierre (1928) and Jean (1926-1983), Alain Senderens (1939-2017), Alain Chapel (1937-1990), Jacques Pic (1932-1992), the Haeberlin brothers: Paul (1923-2008) and Jean-Pierre (1925-2008) and Roger Vergé (1930-2015). These new chefs radically transformed the bourgeois image of a French gastronomy resting on its laurels. They were aiming for a cuisine that was aligned with the preoccupations of the time, such as nature conservation and challenging social hierarchies. Their force lay in not creating an opposition between tradition and innovation. The lighter, more personal nouvelle cuisine focuses on market produce, smaller portions, light sauces and the use of new utensils: mixers, ice-cream makers, microwave ovens, steamers, etc. To fully understand the radical change brought about by nouvelle cuisine, we have to remember that following privation and rationing, the population had taken comfort in abundant food supplies once again. Traditional cuisine had become a refuge in a rapidly changing and evolving world. The arrival of the consumer society revealed a certain bourgeoisie which complacently gorged themselves. It is stigmatised in the film *La grande bouffe (1973)* directed by Marco Ferreri (1928-1997), a satirical comedy in which four desperate, middle-class friends decide to eat themselves to death. This consumption frenzy ran counter to the values called for by citizens' movements in the early 1970s, shared by Gault and Millau: "Nothing repulses us more than these fat, apoplectic men seated around a table for an interminable meal."[9]

---

**9** — Gault&Millau, l'expert gourmand, *Notre Histoire,* on the Guide Gault&Millau website, https://fr.gaultmillau.com/pages/notre-histoire-gault-millau

The first *Gault&Millau* gastronomic guide was published in 1972. The two critics presented in it a list of their favourite addresses and in 1973, they formulated ten commandments for the intention of chefs who want to join in the movement's modern values[10]:

1. You will not overcook.
2. You will use fresh, quality products.
3. You will lighten your menu.
4. You will not be systematically modernist.
5. You will however research what new techniques can offer you.
6. You will avoid marinades, high meat, fermentations, etc.
7. You will do away with rich sauces.
8. You will not ignore dietetics.
9. You will not fudge your presentations.
10. You will be inventive.

With their shocking statements and their ten commandments, the two culinary accomplices undertook a skilfully orchestrated media operation around nouvelle cuisine. In the 1980s, cinema and the written press, closely followed by television, reserved a special place for these new faces in gastronomy. A leading figure in this new trend, Paul Bocuse quickly understood the issues involved in this media coverage of chefs. With the Troisgros brothers, Roger Vergé and Michel Guérard, he helped publicise nouvelle cuisine in all four corners of the world.

In spite of the criticism it has often inspired, nouvelle cuisine has opened the way for all subsequent culinary upheavals, in France and around the globe. Its freedom, openness and power to attract media attention benefitted the development food design in the 1990s and 2000s. It has broken down the well-defined contours of culinary art. This agility has enabled design to infiltrate the pans of future generations of chefs. In 1993, the dessert *La cerise sur le gâteau* by Pierre Hermé (1961) working with the designer 'Yan Pennor's (1957) is considered to be one of the first real encounters between the two disciplines. Several years later, one of the pionniers of food design, Stéphane Bureaux, began a long journey to raise awareness among young chefs and patisserie chefs about the general design process in relation to cooking. He attempted to build creative connections between the two professions: "Given that more

---

**10** — Henri Gault, "Vive la nouvelle cuisine française", *Gault&Milau, n°54*, October 1973.

often than not, they confine design to the decoration on a restaurant dinner service, I deliberately set out to join cooks in their realms of procedures, techniques and cooking methods."[11] The collaboration was sometimes difficult, as Marc Bretillot also points out: "Cooking is the last discipline to have access to design. We don't blink an eye when a furniture maker calls on the services of a designer to design a chair. In the food trade, it is not really accepted, even if it arouses great curiosity among the leading chefs. It's all to do with corporatism and the influence of tradition.[12] The food designer is not a cook, which enables him to analyse differently compared with the empirical principle of a recipe, and advocate a new way of looking at things. But it is in the art of dining that such collaboration is most fruitful. As witnesses to out relationship with food, this art should not be confused with the approach of food design. The role of the food designer is in fact to suggest novel forms and usages which will bring about new practices. By imagining the container at the start of the project, we obtain a creation that has a new vision.

## MOLECULAR CUISINE

In 1988, the physical chemist Hervé This (1955) and the physicist Nicholas Kurti (1908-1998) gave the name "molecular gastronomy" to their research, half-way between food science and process technology. It is a discipline whose objective is to research the mechanisms and phenomena that arise during culinary transformations. For Hervé This, it should not be confused with molecular *cuisine*, which is only one of its applications. Molecular *gastronomy* only produces knowledge, not dishes. Many contemporary chefs have used its results in the preparation of their menus as well as in their marketing. The term "molecular cuisine" has been taken up by the media and creates the image of a technological chef, sometimes even the sorcerer's apprentice of the kitchen. These new chefs dematerialised food, which is no longer considered to be an end in itself. According to Stephan Lagorce, a Science and Techniques engineer in the Agri-Food Industries[13], "The principle is basically quite simple and applied systematically: extract, concentrate the flavour of a given product (a mussel or a chewing gum) to restore it as evanescently as possible: mousse, vapour, smoke, melting ball, etc." Often decried, the concept of molecular cuisine

11 — Stéphane Bureaux, *Tool's food*, exhibition catalogue (Galerie Fraich'attitude, 23rd February - 12th May 2007), Paris, 2007.
12 — Marc Bretillot and Thierry de Beaumont, *Culinaire Design, Editions Alternatives, Paris, 2010*.
13 — Stephan Lagorce, *Cuisine moléculaire : l'hagard-hagard dans les assiettes*, on Stephan Lagorce's website, http://www.stephan-lagorce.com/

has nevertheless enabled chefs to accept to renew their practices and modify their ingredients, utensils and methods. It has managed to durably infiltrate other contemporary culinary styles, so much so that we find on the menus of "traditional" restaurants such things as foam, alginate pearls and perfumed vapours.

In a certain bubbling of media frenzy, the press dubbed the chef Ferran Adrià (1962) as one of the principal figures of molecular cuisine. But the cook refused to attribute a simply scientific origin to his creations. Although there is an incontrovertible influence of science in the Catalan chef's cuisine, it only accounts for a tiny part of his culinary research. Other disciplines enhance his creation process, including design, architecture, graphics and even sign language. On his foundation's website, Adrià states: "Molecular cuisine is not a type of cuisine. To cook well, various types of knowledge are required, such as history, technicity, products, tradition and modernity, along with culinary processes. Then we need to think, debate, repeat, reflect, choose, etc. Finally we have to question our certitudes a hundred times over. If in the meantime we need to consult science or history books or any other creative discipline, these will simply serve to provide further knowledge and reinforceour culinary philosophy."[14] Supported by history and the latest innovations, the chef is developing his theory of contemporary cuisine, in the same way as Escoffier in his book *Le Guide culinaire* in 1902.

**14** — Ferran Adrià, *Sobre la cocina molecular,* on the elBullifoundation website: https:// elbullifoundation.com/

Ferran Adrià goes beyond the simple concept of eating, and materialises both knowledge and creativity in his dishes. It is almost a philosophical vision of food, based on a methodology highly aligned with design and its creative process[15]:

1. To be as orderly and organised as possible in order to have total freedom to create.
2. To continually question oneself, which leads to a new way of understanding things.
3. To connect knowledge with creativity, order and efficiency.
4. To be spontaneous and multitasking, working both individually and in a team.

The chef's work is a never-ending source of inspiration for food design: introduction of playfulness in food, the production of culinary emotions, the creation of tasting utensils, proposing new food textures, using innovative techniques, etc. The chef places no limits on his creativity. He uses technology to enhance his culinary art, in the same way as Antonin Carême (1784-1833), who studied architecture in order to create his centrepieces. The media coverage of the Catalan chef and the concept of creative cuisine more generally has legitimised research and experimentation in food design.

In 2009, the food designer Marc Bretillot and the scientist David Edwards (1961) create the *Whaf*, working with the chef Thierry Marx (1959) for the flavours. The *Whaf* (see page 37) makes it possible to discover foods in an innovative manner by transforming any drink into a vapour in order to taste it.

---

**15** — Sobre ElBulliFoundation, on the elBullifoundation website: https://elbullifoundation.com/
1. Estar ordenados y organizados al máximo para disponer de una libertad radical para crear.
2. Imponer el cuestionamiento continuo que provoca una nueva manera de comprender las cosas
3. Relacionar el conocimiento y la creatividad, el orden y la eficiencia.
4. Inmediatez, multitarea, trabajo individual / trabajo en equipo.

## 1.3   DESIGN AND THE FOOD INDUSTRY

Progress in food conservation and transformation is the result of a series of experiments and ancestral observations. From the earliest stages of humanity, man has transformed the natural foods he discovered in response to problems of conservation, consumption or transport. We can consider that the history of the "food industry" began in Neolithic times, along with agriculture and settlements. Its objective is to transform the perishable raw materials produced by farming into stockable food that can be used for preparing meals.

The food industry as we know it today emerged in the 19th century, during the industrial revolution. As with textiles and metalworking, it originated in technological innovations such as heat sterilisation (1802) discovered by Nicolas Appert (1749-1841) or the ammonia refrigerator (1859) invented by Ferdinand Carré (1824-1900). At the dawn of the 20th century, the first large-scale agri-food companies, such as Nestlé in Switzerland, Unilever in the Netherlands and the United Kingdom and Liebig in Germany became established in major cities across Europe.

During the 20th century, food production and distribution underwent major changes. Distanced from the rural areas of arable and livestock farming, the concentration of populations in urban areas brought about far reaching reflection on the entire functioning of the food industry. This distance between producers and consumers led to new food packaging, conservation, transport and distribution methods for urban markets. These industrial practices led to modifications in the structure and appearance of foods made from a mouldable preparation, such as biscuits, chocolates and pasta. Previously artisanal production made way for commercialisable products, which were nutritionally balanced but had standardised characteristics, such as a practical, geometric shape or specific colour, wrapped in recognisable packaging (such as Toblerone, Digestive biscuits, Dairylea cheese triangles and Jelly Babies).

As pointed out by Marinella Ferrara (1971), Professor of industrial design at the Polytechnic School of Milan and Sonia Massari (1977), Director of the International Institute for Food Studies in Rome: "The transition to a mass society created a favourable environment for interaction between the food and design worlds."[16] Industrial design was to become a chosen ally in a sector where increasingly standardised tools and devices were being developed. Since the late 19th century, the filing of patents for new food creations has confirmed the formal value assigned to products. But in this industrial context, the competences of food engineering and food design overlapped. In his book *Mechanisation Takes Command*[17], Sigfried Giedion

---

**16** — Marinella Ferrara and Sonia Massari, *Evoluzione del concept food design: intersezioni storiche tra cibo, design e cultura alimentare occidentale,* on the Associazone Italiana del design website: http://www.aisdesign.org/aisd/evoluzione-del-concept-food-design
**17** — Sigfried Giedon, *Mechanization Takes Command, A Contribution to Anonymous History*, New York, Oxford University Press, 1948.

[1888-1968] clearly points out a close relationship between design and food production. The historian and architecture critic analysed the gradual integration of production methods into the 19th century manufacturing industry and the effects of mechanisation in daily life, agricultural and domestic spaces. For the design historian Victor Margolin (1941): "This food economy has created new trades connected with the cultivation, transport, selling and cooking of food and has shaped new food landscapes in agriculture, transport, mass distribution, retail marketing and selling food for supermarkets, stands and restaurants. Design has certainly been a central element in all of these evolving processes."[18]

The use of design in the food industry was to satisfy a series of specific needs such as convenience, shelf-life, transportability, functionality, freshness and food security, but also the novelty, specification and preservation of traditions. In their book *Food design XL*, Sonja Stummerer and Martin Hablesreiter identified three objectives of design in the food industry:

1. Increasing sensorial and sensual pleasure in food consumption.
2. Fulfilling the functional aspects of a product.
3. Transmitting a cultural value.

The two food designers look back at the origins of forms of foods and their use in the contemporary industry: "In Europe, some ten thousand new food products are introduced every year. Of this number, fifty percent fail within three months and only one product in twenty remains in the market for more than two years."[19] The commercial success of a product is the result of various factors analysed by food industry leaders. Many studies show that the colour of a food, its consistency or noise influence our perception of its taste. This data is perfectly integrated in the industrial design process. In 2013, studies by Charles Spence (1969), a psychologist at the University of Oxford, proved that the colour of a dish or a drink can determine whether it is appetising or not, but also influence the taste and smell we perceive.[20] In the collective imagination, the colour red is associated with the sensation

---

**18** — Marinella Ferrara and Sonia Massari, *Evoluzione del concept food design: intersezioni storiche tra cibo, design e cultura alimentare occidentale,* on the website Associazone Italiana del design, http://www.aisdesign.org/aisd/evoluzione-del-concept-food-design
**19** — Martin Hablesreiter and Sonja Stummerer, Food design XL, Springer Verlag, Vienna, 2010.
**20** — Shankar, Maya U., Carmel A Levitan, John Prescott and Charles Spence, "The Influence of Color and Label Information on Flavor Perception", *Chemosensory Perception 2* (2009), pp. 53-58.

of sweet, juicy freshness resulting from fruits like strawberries, cherries or raspberries. For its famous Ourson d'or sweets, the Haribo brand plays on this mental association in the consumer. Supported by evidence, in a 250g packet, there are forty-one red, twenty-three orange, sixteen green, sixteen yellow and twelve white sweets. Consistency is also an enormous factor in our perception of a food, sometimes more important than its taste. Sixty percent of our perception arises from the consistency of a food in our mouth.[21] Depending on whether we bite, suck or chew it, different sensations are sent from our moth to the rest of our body. In the design of chocolate sweets, industrial producers offer various different textures in a single product. The objective is to create a sensation of pleasure in the consumer.

In the 1980s, at the height of media attention around design, collaboration seemed to lie ahead between industrial agri-food producers and designers. In 1983, Giorgetto Giugiaro (1938), an automobile designer whose cars include the famous DeLorean DMC-12, invented *Marille,* a food paste, similar to the sealant used for car doors. Unfortunately its complex cooking process made it difficult to market and it disappeared several years later. "Pasta" is an eminently three-dimensional object which requires in-depth study into its resistance to cooking and its capacity to stick to the sauce. Its identity and its characteristics were analysed by Alessi in *Pastario, publi*shed in 1985. A comprehensive, illustrated atlas of pasta, his book can be considered to be one of the first culinary design publications. Other brands subsequently called on design skills to boost their commercial image. In 1987, several big names in design including Philippe Starck (1949), Christian Ragot (1933) and Michel Cadestin (1942) took part in a competition organised by Panzani aimed at reinventing the shape of their pasta.

Another collaboration between the food industry and the design world is that of the brand Häagen-Dazs. Florence Doléac (1968), Patrick Jouin (1967), Nendo (1977), the Campana brothers: Humberto (1953) and Fernando (1961) and Jaime Hayon (1974) were called upon by the ice-cream brand to invent their famous winter desserts. It seemed therefore that major companies had understood the advantages of an industrial production-designer duo. Yet they remain the exception. The industry tends to confine design to purely commercial, marketing aspects. Taking the example of packaging, Stéphane

---

**21** — *Food design – The film*, Nikolaus Geyrhalter, Wolfgang Widerhofer, Markus Glaser, Michael Kitzberger & Martin Hablesreiter, 2009, Short film/Documentary, 52 min.

Bureaux points out: "Ideally the process should be reversed, placing the story before the production, instead of trying to find the meaning of the finished product through clever marketing. Packaging could be envisaged as an intelligent medium between the product and the consumer, even if there are contraints (hygiene regulations and transport)."[22] Working with the agri-food industry, Marc Bretillot would like to reveal an image of the food that is closer to the reality. We are actually distanced from the production system and the provenance of what we find on our plates. The increasing complexity of the global food system reveals the negative effects of technological and industrial development. A certain distance has become established between the production systems and consumption systems, and consumers' mistrust towards the agri-food industry has increased over the past twenty years. The use of genetically modified foods, problems related to health and nutrition or consumer awareness about animal wellbeing issues are beginning to influence consumer choices. This new data is revealed by a certain social resistance to the industrial sector. The public is demanding more responsible, environmentally respectful consumption. This phenomenon has found a perfect ally in food design, a discipline which responds to new social, political, economic and cultural situations in terms of the production of goods (products and technology) and services.

22 — Cécile Cau and Stéphane Bureaux, *Design Culinaire, Editions Eyrolles, Paris, 2011.*

# 2

DÉVELOPPEMENT DU FOOD DESIGN :
LES PIONNIERS

Selon le journaliste et food activiste Michael Pollan (1955), « la façon dont nous mangeons a plus changé au cours des 50 dernières années qu'au cours des 10 000 années précédentes »[1]. L'industrialisation et la transition vers une société de consommation ont créé un environnement propice aux échanges entre les secteurs du design et de l'alimentation. Se nourrir n'est plus une fonction vitale, c'est devenu l'affirmation d'un choix de vie, une prise de position et surtout une tendance parmi les plus pointues de la culture mondialisée. Dans les années 1990, une poignée de designers vont se détacher des sujets conventionnels pour réfléchir et expérimenter autour de l'objet alimentaire. Ils seront considérés comme les pionniers d'une nouvelle branche d'étude : le food design. L'analyse de son développement permet de comprendre les évolutions dans les habitudes de consommation et les prises de conscience de la population face au « food system ». L'histoire de la jeune discipline puise ses racines dans celle du design industriel et de l'alimentation. Son développement est facilité par une combinaison d'influences artistiques, culturelles, industrielles, sociales mais aussi gastronomiques et culinaires.

---

1 — *Food, Inc.*, Robert Kenner, Magnolia Pictures, 2008, film documentaire, 1h38.
"The way we eat has changed more in the last 50 years than in the previous 10,000"

Les deux dernières décennies du XXᵉ siècle vont amener des changements radicaux dans nos rapports avec la nourriture et notre culture alimentaire. Un bouillonnement médiatique s'est installé autour du concept de « nouvelle cuisine » propulsé par les critiques culinaires Henri Gault et Christian Millau. Le statut de la gastronomie s'élève à celui de l'architecture, de la peinture ou de la musique. Au même moment, les limites entre l'art et l'alimentation sont remises en cause par les artistes du mouvement Eat-art. Dans leurs performances, ils contestent nos certitudes gustatives et s'interrogent sur nos coutumes autour du repas. Les années 1980 ont également engendré une génération de consommateurs gavés aux images publicitaires, demandeurs de produits de meilleure qualité mais aussi de nouvelles saveurs et d'expériences. Pour répondre à ces attentes, l'industrie s'oriente vers l'ajout d'arômes artificiels et de nouveaux composants (amidon raffiné, gommes, lipides substitués, édulcorants...). Puis, l'apparition dans les années 1990 de certains scandales alimentaires comme la maladie de la vache folle, la dioxine, l'utilisation d'organismes génétiquement modifiés ou la présence de résidus chimiques dans la nourriture vont conduire, d'une part, à un renforcement de la sécurité alimentaire et, d'autre part, à l'installation d'une certaine méfiance de la part des consommateurs face à l'industrie agro-alimentaire. Une forme de résistance civile s'immisce dans les choix des consommateurs. Les interrogations autour de la durabilité de l'environnement ou de la mondialisation sont au cœur des débats et les « bienfaits » de la modernité sur l'ensemble du fonctionnement de la société (économie, industrie, technologie, architecture ou urbanisme...) sont remis en question. Le système mondial de la production d'aliments et de la société de consommation n'échapperont pas aux critiques. En 1986, le mouvement Slow Food de Carlo Petrini voit le jour en Italie. Sa création se cristallise autour d'une protestation contre l'ouverture du premier restaurant McDonald's au centre de Rome. Le Slow Food milite contre une consommation calquée sur le modèle de la restauration rapide et veut sensibiliser les citoyens à une consommation plus éthique. En 1989, le mouvement s'internationalise et signe son premier manifeste. Une publication qui s'oppose à un autre manifeste, publié cinquante ans plus tôt par les futuristes italiens. Dans leur définition de la cuisine futuriste, Marinetti et Fillia louaient les vertus de la modernité, de la standardisation, de la vitesse et de la future consommation d'aliments techniques et chimiques. Dans un livre coécrit avec la cheffe Alice Waters, Carlo Petrini revient sur les fondement du Manifeste Slow Food et souligne : « le caractère urgent de produire et consommer avec des critères de gastronome, qui exerce son droit au plaisir sans détériorer l'existence d'autrui ou l'équilibre environnemental de la planète où nous vivons ».[2]

---

2 — Carlo Petrini, Alice Waters, *Slow Food, manifeste pour le goût et la biodiversité :
La malbouffe ne passera pas !* Ed. William McCuaig, 2001.

Le Slow Food n'est pas une simple opposition à la production industrielle mais une anticipation réfléchie des effets rapides de la production alimentaire en favorisant une agriculture durable, une consommation raisonnée et une sauvegarde de la biodiversité.

Un changement dans nos attitudes culturelles face à l'alimentation apparaît à la fin du XXe siècle. Plusieurs études commencent à expliquer au grand public les forces mais aussi les faiblesses des technologies utilisées dans l'industrie alimentaire. Ces publications révèlent un ensemble de problèmes liés à la santé et à la nutrition, à l'environnement, au gaspillage alimentaire ou à la faim dans le monde. C'est dans ce contexte de transformations et surtout de questionnements que le food design s'installe doucement à la table des disciplines du design. Pour Marinella Ferrara, Professeur de design industriel à l'École Polytechnique de Milan et Sonia Massari, Directrice de l'International Institute for Food Studies à Rome [3] : « Aujourd'hui, nous sommes conscients que, dans le concept de food design, différentes disciplines se rencontrent et se mélangent : du génie chimique à la physique moléculaire, de la biologie à la génétique, de l'anthropologie à la psychanalyse, de la sociologie de la nutrition au projet de réception et de convivialité liées à la nourriture».

---

[3] — Marinella Ferrara et Sonia Massari, *Evoluzione del concept food design: intersezioni storiche tra cibo, design e cultura alimentare occidentale,* sur le site Associazone Italiana del design, http://www.aisdesign.org/aisd/evoluzione-del-concept-food-design
"Oggi si è consapevoli che nel concetto di Food Design si incontrano e mescolano diverse discipline: dall'ingegneria chimica alla fisica molecolare, dalla biologia alla genetica, dall'antropologia alla psicoanalisi, dalla sociologia dell'alimentazione al progetto delle forme di accoglienza e convivialità legate al cibo."

## 2.1   Martí Guixé

Le premier à poser les termes « food » et « design » sur ses recherches est le designer Martí Guixé (1964). Dans le milieu des années 1990, le travail du créateur catalan part du constat que la nourriture est l'une des choses les plus consommées et pourtant, elle n'a jamais été pensée comme un objet. Le designer débute son analyse de la nourriture comme s'il s'agissait d'un projet de conception en prenant en compte une série de paramètres comme la facilité d'utilisation, l'ergonomie, les procédés d'industrialisation, l'emballage ou les comportements liés à son utilisation. Pionnier, il s'éloigne du courant dominant en design pour prendre une direction particulière en s'intéressant à l'alimentation. Guixé avoue se trouver dans une situation d'exclusion des champs de l'art et du design : « Je pense que ma position a fait tomber quelques barrières et a modifié certaines disciplines, créant une certaine confusion. Je pense que travailler avec des idées et éviter les formes et les matériaux m'a permis de passer d'un contexte à un autre en toute indépendance et de changer constamment de niveau ».[4]

En 1997, Martí Guixé imagine *Spamt* (voir page 84), une combinaison hybride du pain catalan traditionnel à la tomate (*pà amb tomàquet*) et de la nourriture industrielle. Il crée un objet comestible qui s'adapte aux nouvelles formes de consommation nomade des repas. « *Spamt* découle de la neutralisation de l'opposition entre une tradition riche en connotations, mais obsolète dans son utilisation, et une modernité efficace, qui manque néanmoins d'attrait symbolique, ce qui en fait le premier produit de food design ».[5] Pour le designer, repenser l'alimentation, c'est se focaliser sur la fonction et le coté informatif de l'aliment plutôt que sur son aspect purement formel. Ses créations cherchent une logique et démontrent un attrait pour l'information comme base d'un nouveau langage alimentaire. Dans le cas des *I-cakes* (voir page 85), les explications graphiques sont tout à fait logiques, mais elles sont également très utiles. Le designer propose une nouvelle catégorie de nourriture

---

**4** — Martí Guixé, *Food designing*, Corraini Edizioni, 2015. "I think my position has broken a few barriers and shifted some disciplines and has also generated some confusion. I think that working with ideas and avoiding forms and materials has allowed me to pass from one context to another with complete independence, and to constantly change levels."
**5** — Martí Guixé, *Food designing*, Corraini Edizioni, 2015. "*Spamt* arises out of the neutralization of the opposition between a tradition that is rich in connotations but obsolete in its use, and an efficient modernity that is nevertheless lacking in symbolic allure, making it quite possible the first product of food design"

intégrée dans la société de consommation contemporaine mais il en définit aussi l'expérience d'utilisation. Avec *Oranienbaum Lollipop* (voir page 84), une fois la sucette terminée, il reste une graine « à cracher » qui participera, de façon sporadique, à la reforestation.

Le food design, dans son acception générale, est un projet global tenant compte des questions sociales et géopolitiques, ainsi que des problèmes de santé et, naturellement, des préoccupations gustatives. Pour le designer, l'objet comestible est caractéristique du fait qu'il disparaît une fois ingéré et se transforme en énergie : « C'est un objet, un produit avec une fonction vitale; il est pratique, éventuellement rituel ou relationnel, et il est écologique. C'est un produit hautement fini et qui disparaît en tant qu'objet une fois qu'il est consommé. Sa fonction est de vous garder en vie, mais maintenant cette fonction est devenue plus complexe. Je pense que la véritable fonction du food design est le choix qu'il vous offre de faire ce que vous voulez avec votre corps, dans un avenir immédiat et à long terme. Je veux dire, c'est vraiment un outil pour contrôler l'enveloppe de votre esprit, votre corps. Je pense que c'est la raison pour laquelle le design des aliments doit être honnête, car c'est un objet pédagogique, pas un objet fonctionnel. »[6]

---

6 — Martí Guixé, *Food designing*, Corraini Edizioni, 2015. *It is an object, a product with a vital function; it is practical, possibly ritual or relational, and it is ecological. It is a highly finished product and it disappears as an entity once it is eaten. Its function is to keep you alive, but now this function has become more complex. I think that the true function of food design is the choice it offers you to do what you want with your body, in the immediate future and in the long term. I mean, it is really a tool for controlling the packaging of your mind, your body. I think that's why food designmust be honest, because its an instructional object, not a functional object.*

## 2.2   Marc Bretillot

En France, une des premières rencontres entre le design et l'alimentation se cristallise autour de l'entremets *La cerise sur le gâteau* de la maison Fauchon. Le pâtissier Pierre Hermé fait appel au designer irlandais 'Yan Pennor's afin de créer « une forme simple et spectaculaire » pour ce gâteau devenu un énorme succès commercial. Mais ce sont véritablement les travaux de recherches de Marc Bretillot et de Stéphane Bureaux qui vont mettre en avant le design culinaire français.

En 1998, le designer Marc Bretillot forme le groupe des Equarrisseurs et réalise une série de performances déroutantes autour de la nourriture. Lors du happening *D'la soupe* (2002), les musiciens du groupe ont joué un rock brut, sous une table géante, en actionnant à distance des robots ménagers préparant une soupe sur leur tête. Pour Bretillot, le jeu sera une piste de recherche particulièrement intéressante : « à condition de ne pas gâcher, oui, il faut jouer avec la nourriture !»[7]. Ses expériences alimentaires vont élaborer de nouveaux codes relationnels entre la nourriture et le mangeur. Dans les mises en scène du designer, chaque projet est une « histoire à manger » racontée par les mets eux-mêmes. Le concept du « festin » est un élément récurrent dans le travail du designer.

De Jean Anthelme Brillat-Savarin (1755-1826) aux chefs Pierre Gagnaire (1950) ou Thierry Marx (1959) en passant par les futuristes italiens, Marc Bretillot possède une importante culture culinaire et gastronomique. D'ailleurs, il se définit lui-même comme un « culinaire designer » car la cuisine joue un rôle prépondérant dans son travail de création. Cependant, il faut bien comprendre que le food designer n'est pas un cuisinier et inversement, le cuisinier n'est pas un food designer. La formation de Bretillot à l'école Boulle, ses cours à l'atelier de maquette et sa connaissance de la forge et du verre ont certainement eu une influence sur la méthodologie de travail du « culinaire designer ». Au cours de sa carrière, il crée un ensemble de « machines de table » et d' « outils de présentation et de dégustation », comme la machine à napper les sablés de façon aléatoire (2001) ou le robot rafraîchisseur à champagne (2001), qui permet de servir onze bouteilles à la suite. On peut voir ici un parallèle avec l'avenir culinaire de haute technologie imaginé par les futuristes italiens avec leurs inventions mécaniques comme l'ozoniseur pour parfumer les plats ou la lampe à rayons ultraviolets pour rendre les substances plus actives. Les recherches de Bretillot

---

**7** — Marc Bretillot et Thierry de Beaumont, *Culinaire Design, Editions Alternatives, Paris, 2010.*

vont également explorer l'aspect formel de notre alimentation. Le designer construit, assemble et traite la matière alimentaire comme n'importe quel autre matériau. En 2004, pour *la Grande Épicerie de Paris* (voir page 89), il repense l'ergonomie du mille-feuille pour en faciliter la découpe. Pour Bretillot, la forme est indissociable du fond et les qualités organoleptiques des projets sont déterminantes et doivent primer sur l'idée et le concept dans le food design.

# 2.3   L'aliment-matériau dans le food design

Cette idée de l'aliment-matériau prend tout son sens dans les expérimentations de Diane Leclair Bisson (1960). Depuis les années 2000, la designer canadienne effectue un travail expérimental sur les matières comestibles (voir page 90) afin de créer des contenants mangeables. Sa réflexion se base sur la surconsommation d'objets et la pollution qui en découle. L'assiette jetable et les emballages alimentaires sont les symptômes d'un changement de pratiques de consommation dû à la mobilité urbaine. Plutôt que de travailler sur le contenant biodégradable, la designer canadienne se focalise sur le concept d'un contenant mangeable induisant une nouvelle gestuelle autour de l'aliment. Ce travail sur l'assiette comestible est un bon exemple d'application du food design. Il repose sur un problème de base : la conception d'un produit commercialisable répondant à des critères nutritionnels, sanitaires et organoleptiques. La consistance du matériau doit être capable de contenir une préparation et doit être facilement manipulable avec les mains. La matière doit être solide, thermiquement stable (recevoir des aliments chauds) et parfois perméable (contenir des liquides). En plus, elle doit être relativement fine et ne pas être trop présente gustativement. Diane Leclair Bisson va réaliser une série d'échantillons de matières alimentaires en réinterprétant les recettes traditionnelles de craquelin, de gâteaux aux légumes, de crêpes et de gelées. Ce travail de recherche va ouvrir la voie à toute une série de projets où le contenant disparaît par ingestion comme la *Bread palette* (2001) de Katja Gruijters, la *sugarspoon* (2004) de Marije Vogelzang ou la *Cookie Cup* (2013) recouverte d'un glaçage isolant et imperméable d'Enrique Luis Sardi pour Lavazza. En 2013, l'idée d'un contenant comestible et soluble est développée par l'entreprise Notpla, crée par Rodrigo Garcia Gonzalez et Pierre Paslier. Ils réalisent *Ooho,* un contenant flexible pour boissons et sauces. Composé d'algues et de plantes, il est biodégradable en quatre à six semaines mais peut aussi être ingéré.

## 2.4   Stéphane Bureaux

Dans son livre *Design Culinaire*, Stéphane Bureaux revient sur le début de la discipline[8] : « La première phase a été celle des précurseurs. Quand je suis allé voir, en 1995, le pâtissier nancéen Stef pour développer mes premiers projets, j'étais très loin d'imaginer que le design culinaire prendrait une telle ampleur. D'ailleurs, le nom même de la discipline n'existait pas encore ». Cette immersion dans le monde du design culinaire se cristallise autour de sa collaboration avec la pâtisserie Stef de Nancy pour la réalisation de son identité visuelle. Très vite, Bureaux s'oriente vers une approche globale du design en imaginant des pâtisseries originales, reflets de la personnalité de l'entreprise. En étroite collaboration avec le pâtissier Stéphane Marchal, il repense le mille-feuille pour en faire un produit simple, débarrassé de son glaçage décoratif. D'autres créations suivront comme les entremets Jean Lamour (2005) ou le Pavé Gruber (1999). Le designer entame un travail de collaboration avec les professionnels du goût. Son objectif est de sensibiliser la jeune génération de chefs au design général et au design culinaire. Dans un travail d'échanges, de questionnements et d'expérimentations, Bureaux installe des passerelles entre les différentes activités de création comme la cuisine et le design. De ces duos de chefs-designers va sortir une série de plats innovants comme *Barb Ahlala* (voir page 92) avec Eric Guérin (1970) ou la *Galette Bluetooth* (2007) avec Stéphane Marchal.

Cependant, la collaboration entre les deux activités reste compliquée. Même si le développement médiatique de la nouvelle cuisine, dans les années 1980, a fait souffler un vent de liberté sur la gastronomie, l'intervention du design y est souvent limitée à la création d'assiettes ou à l'identité visuelle du restaurant. Pourtant, certains chefs comme Heston Blumenthal (1966) ou Ferran Adrià complètent leur démarche culinaire avec le design. Cette collaboration leur permet de structurer leur recherche et de développer un ensemble de nouvelles propositions qui les placeront au-dessus des autres cuisiniers en termes d'innovation et d'expériences. ElBulli, le restaurant de Ferran Adrià, se classera premier meilleur restaurant du monde en 2002, 2006, 2007, 2008 et 2009. La cuisine du chef catalan est un prétexte à l'expérience et la nourriture est le moyen d'y parvenir. On retrouve cette réflexion dans le travail des food designers. Stéphane Bureaux confirme avoir été influencé par les travaux d'Hervé

---

8 — Cécile Cau et Stéphane Bureaux, *Design Culinaire, Editions Eyrolles, Paris, 2011.*

This, père de la gastronomie moléculaire, et y avoir découvert un potentiel inexploré. L'utilisation de la science et des nouvelles technologies est un levier créatif important pour les food designers. La science permet de décrypter et de maîtriser les techniques pour élargir les champs de travail. Avec sa *Glace Non Radioactive* (voir page 93), en collaboration avec le chef Frederic Coursol (1973), Bureaux compose un vrai « dessert technique ». Composé de trois parfums de glace, enfermés dans un moule en chocolat compartimenté, le dessert se place au micro-ondes avant dégustation. Transparente aux ondes, la glace ne bouge pas et le chocolat, lui, se transforme en une délicieuse sauce tiède.

2005 est une date importante dans la reconnaissance du design culinaire français par le milieu professionnel. En effet, l'entremets *Hommage à Jean Prouvé* (voir pages 94-95) de Stéphane Bureaux reçoit un prix de l'Agence pour la Promotion de la Création Industrielle (APCI). La conception de ce gâteau répond à une problématique globale : concevoir un produit en tenant compte des contraintes de production, du plaisir gustatif et de la charge symbolique de la réalisation. Chaque élément du dessert est préfabriqué et prévu pour être assemblé au dernier moment. Stéphane Marchal en a conçu les parfums et les textures et Stéphane Bureaux en a imaginé le système d'assemblage et les ustensiles nécessaires à sa construction. L'ACPI reprendra également la définition du design culinaire écrite par Stéphane Bureaux : « Parce qu'il touche aux tripes, en appelle à la cervelle et convoque à sa table tous les sens avec toujours la grande difficulté de faire *bon*, le design culinaire défend de vraies spécificités. En plaçant le gustatif en juge de paix absolu, l'implacable exigence de ce design est de donner du plaisir, mais là n'est pas son unique objectif. Faire du design culinaire impose, en plus, de vouloir exprimer des intentions, des relations, des émotions. C'est donc une spécialité certes, mais comme le designer se nourrit aussi de transversalité, on ne doit pas nécessairement en faire une affaire de spécialiste : le design culinaire, c'est d'abord du design ! »

## 2.5   La performance dans le food design

La presse va rapidement s'emparer du sujet parce qu'il est ludique, visuel et touche à une thématique fédératrice : la nourriture. Dans son livre, Stéphane Bureaux raconte[9] :

« ...certains projets ont été relayés par les médias qui ont ainsi donné au design culinaire une visibilité publique et une réalité auprès des clients potentiels. C'est le processus classique : d'abord se faire connaître, pour ensuite rassurer les clients et leur faire prendre conscience des retombées possibles. » La presse, attirée par la nouveauté, a propulsé la discipline parfois d'une façon fantasmée et l'a souvent confondue avec la cuisine créative ou la cuisine moléculaire. L'aspect ludique du food design est un élément important. Le jeu et l'humour vont permettre d'aborder des sujets difficiles et d'ouvrir le questionnement et le débat. Au moyen de performances, les food designers définissent les règles du jeu et invitent le mangeur à participer à une expérience où la nourriture devient transgressive et porteuse de messages. Dans ces happenings, tous les sens sont mis en action, le participant ne comprend pas toujours ce qu'il goûte et ne goûte pas toujours ce qu'il croit. Il se crée une forme d'échange et de partage que l'on retrouve déjà dans les banquets du mouvement Eat-art. À partir des années 1960, Daniel Spoerri organise des repas à dimension sociale qui brisent les tabous. On pouvait, par exemple, y voir des invités, souvent issus d'un milieu privilégié, manger une nourriture de « pauvres » ou de « prison ». Ces performances questionnent la valeur universelle attribuée au goût.

Aujourd'hui, le concept de performance dans le food design est un véritable outil de création, de communication et de sensibilisation. Il permet d'ouvrir de nouvelles perspectives de réflexion sur le futur de nos assiettes et remet en question notre culture des repas. Le duo composé de Sam Bompas (1983) et de Harry Parr (1982) explore lui aussi les limites gustatives et la manière dont les performances peuvent influencer le palais. Leurs premières expériences se sont centrées sur la gelée. En raison de sa forme uniquement plastique et structurelle, la « jelly » est un moyen intéressant pour analyser la relation entre l'architecture et la nourriture. Leur studio fait appel à plusieurs compétences (architecture,

**9** — Cécile Cau et Stéphane Bureaux, *Design Culinaire, Editions Eyrolles, Paris, 2011.*

science, design, motion design…) pour créer des performances multisensorielles où ils contrôlent tous les aspects d'un repas : le son, les couleurs, la musique, l'odeur, les perceptions… Depuis 2003, un autre duo, honey & bunny, crée des performances discursives autour de la nourriture et de son système de production et de consommation. Architectes et food perfomers, Sonja Stummerer et Martin Hablesreiter se concentrent principalement sur des sujets tels que la durabilité ou la relation entre les êtres humains et la nourriture, qui découle en grande partie de problèmes culturels. Ils écrivent, en 2009, un ouvrage sur l'évolution historique et formelle du matériau-aliment et démontrent comment la forme, la couleur, l'odeur, les sons et les valeurs culturelles influencent la conception des produits alimentaires. En Italie, la food designer Francesca Sarti (1977) fonde, en 2001, Arabeschi di Latte. Un studio où la designer tente de créer des expériences sociales interactives autour de l'alimentation. La designer italienne base son travail de recherche sur les coutumes, les tendances sociales ou les rituels du monde entier. Son objectif n'est pas de créer des produits mais plutôt de tirer des conclusions de ces diverses interventions.

## 2.6   Marije Vogelzang

En Hollande, Katja Gruitjers et Marije Vogelzang, étudiantes à la Design Academy d'Eindhoven, sont les premières à questionner leur estomac. En plein développement du design conceptuel et du collectif Droog aux Pays-Bas, les deux designers choisissent de structurer leurs investigations autour de l'alimentation. Dans son projet de fin de diplôme, en 1998, Katja Gruijters explore différentes façons de concevoir les substituts de viande. Depuis la création de son studio, en 2001, la food designer décortique les liens entre l'alimentation, la science, la technologie, la culture, la nature et le design.

Marije Vogelzang veut, quant à elle, proposer une approche différente du food design : « parce que je ne suis pas seulement concentrée sur l'esthétique, je ne me considère pas délibérément comme une food designer, mais comme une eat designer. La nourriture elle-même est déjà parfaitement conçue par la nature, donc il n'y a presque rien que je doive y ajouter. »[10] Au-delà de l'aspect plastique et formel, le eat design est une démarche de conception non plus basée sur l'objet alimentaire mais sur l'acte de manger et l'impact émotionnel de la nourriture. Vogelzang centre ses recherches autour de l'influence de l'aliment sur le mangeur et sur son environnement plutôt que sur ses qualités en tant que matériau. Elle entame une véritable réflexion sur la psychologie de l'alimentation, dès la fin de ses études, avec son premier projet *White funeral meal* (1999), une performance où elle expérimente le pouvoir réconfortant des aliments blancs. En 2002, avec *Color food* (voir page 100), la designer aborde l'offet subliminal de la couleur sur la nourriture. Ce rapport entre les émotions et ce que nous mangeons prend tout son sens avec *Black Confetti* (2005), un projet de buffet sur l'alimentation en temps de guerre, organisé dans le cadre d'une exposition sur le bombardement de la ville de Rotterdam en 1940. La eat designer se rend compte qu'une bouchée de « Valsch Vleesch » (fausse viande à base de haricots et de farine, consommée pendant la seconde guerre mondiale) peut libérer un amalgame d'émotions, à la fois tristes et affectueuses. « En fait, avec *Black Confetti*, c'était la première fois que je me suis rendu compte que la nourriture ne nourrit pas seulement l'estomac mais aussi l'âme. Le design peut

---

**10** — Marije Vogelzang, *Eat Love. Food concepts by eating designer*, BIS Publishers, Amsterdam, 2010. Because I'm not just focussed on the aesthetics, I deliberately don't call myself a Food Designer but an Eating Designer. The food itself is already perfectly designed by nature, so there's hardly anything I have to add to it.

entrer dans le corps aussi bien littéralement que métaphoriquement »[11]. Pour la designer, la nourriture est un liant idéal qui rassemble les gens. Elle essaie de sensibiliser le mangeur à l'essentiel, en rappelant à quel point une chose très simple, comme un sandwich préparé pour quelqu'un que vous aimez, peut devenir importante. Cette notion d'échange et de partage est récurrente dans les performances de Vogelzang. Dans *Eat-Love-Budapest* (2011), les participants vont être nourris par une femme tzigane dont ils ne voient que les mains. Tout en leur donnant à manger, elle leur raconte des histoires personnelles et en rapport avec la nourriture servie. En plein débat sur l'acceptation des Gitans en Hongrie, cette performance va au-delà du simple rituel du repas. Sous la forme d'une expérience émotionnelle, elle aborde l'aspect sociétal de l'alimentation.

Pour Vogelzang, le design devrait être un pont entre les scientifiques, les industriels, les agriculteurs et les consommateurs. Historiquement, les designers n'ont pas joué de rôle déterminant dans le processus de production, de distribution ou de consommation des aliments. À l'heure actuelle, on se rend compte que le système alimentaire est défaillant et qu'il nécessite des changements auxquels nous n'avions jamais pensé auparavant. L'industrie a besoin de créateurs capables de faire du « design thinking » et de l'appliquer à l'alimentation. Avec le projet *Faked meat* (voir page 101), la eat designer s'interroge sur cette obstination à donner une apparence de viande aux substituts végétariens. Pourquoi des produits à base de protéines de soja, censés remplacer la viande, doivent-ils ressembler à des boulettes, des hamburgers ou des schnitzels ? En décalage avec cette tendance industrielle, la designer invente des animaux fantastiques qui ont chacun un habitat, un mode de vie et un régime alimentaire… c'est-à-dire un ensemble de facteurs qui influenceront le goût et la forme de la viande. Marije Vogelzang souligne une dualité importante dans le futur proche de notre système de production de nourriture. D'un côté, l'industrialisation de notre alimentation va s'intensifier et nous séparer encore plus de l'aliment, et de l'autre, on remarque une prise de conscience d'une partie des consommateurs qui tendent vers un système plus durable et écoresponsable. Deux visions que tout oppose mais qui constituent un défi pour les food designers actuels et futurs.

---

**11** — Marije Vogelzang, *Eat Love. Food concepts by eating designer*, BIS Publishers, Amsterdam, 2010. In fact, with *Black Confetti*, it was the first time that it dawned on me that food not only nourishes the stomach but also the soul. A design can enter people literally as well as figuratively.

## 2.7   L'enseignement et le food design

En 1999, le premier Atelier de recherche en design culinaire voit le jour, sous l'impulsion du designer Marc Bretillot, professeur de matériaux à l'Ecole Supérieure d'Art et Design (ESAD) de Reims. Il y enseigne les liens étroits entre les matériaux traditionnels et culinaires. Les premiers exercices portent sur la transformation des matières mais en utilisant l'aliment comme base de travail et d'expérimentation. La première année d'enseignement se compose de projets éclectiques dont l'objectif est d'introduire le « vivant » dans la formation de designer. Les années suivantes vont se structurer autour de diverses thématiques comme la viande, les produits laitiers, les paysages alimentaires ou le chocolat. En multipliant les collaborations et les événements, l'atelier de Bretillot se tourne vers les différents prescripteurs du secteur alimentaire : l'industrie, l'artisanat et la restauration. Dans les années 2000, le concept du food design s'étoffe mais la tâche d'en établir les règles et les limites reste difficile car tout ce qui touche à la gastronomie, particulièrement en France, est sévèrement catalogué. Pour le journaliste et enseignant Thierry de Beaumont [12]: « il ne s'agit pas de dessiner des assiettes ou des couverts, mais d'explorer de nouvelles sensations, d'envisager une approche différente des rituels qui accompagnement les aliments. La recette du design culinaire est de ne pas en avoir ! Il entend faire de la cuisine une fête des sens, mais également celle du sens ». L'atelier va former une jeune génération de food designers comme Julie Rothhahn (1982), Delphine Huguet (1980), Agathe Bouvachon (1986) ou Magali Wehrung (1985) qui vont bénéficier de l'engouement médiatique pour cette nouvelle discipline créative. En 2015, l'atelier initié par Bretillot devient le *Master Design & Culinaire*, sous la responsabilité du food designer Germain Bourré (1977). Une nouvelle dénomination qui renforce l'importance de la mise en résonance de toutes les pratiques du design et de la création avec le champ du consommable, tout en se confrontant aux enjeux de « se nourrir demain ». Cependant, au début des années 2010, la presse française semble se désintéresser du design culinaire. Pour Germain Bourré, cette situation peut s'expliquer par deux raisons : « La presse design a toujours eu du mal à valider le fait que l'on puisse parler de design en rapport avec l'alimentation. Et la presse culinaire, quant à elle, a commencé à s'intéresser davantage aux chefs et à leurs personnalités ».

**12** — Marc Bretillot et Thierry de Beaumont, *Design Culinaire : le manifeste*, ESAD de Reims et la Direction de la Culture de la Ville de Reims, 2004.

Pendant plus d'une dizaine d'années, l'ESAD reste *la* pionnière dans l'enseignement du food design. Emportées par la médiatisation autour de la jeune discipline, de plus en plus d'écoles vont ouvrir leur propre section et différentes catégories de formations professionnelles vont également s'y intéresser comme l'école hôtelière d'Avignon, en créant son laboratoire de design culinaire. En 2012, la designer Françoise Laskar approche Stéphane Bureaux pour lancer l'Executive Master Food Design à l'Académie des Beaux-Arts de Bruxelles (ARBA-ESA). Dans son approche, le food designer met l'accent sur trois points essentiels : le savoir (culture), le savoir-faire (pratique et projets), et le faire-savoir (communication). Son objectif est de répondre aux questionnements alimentaires actuels sous le prisme des sciences humaines, du design et de l'art, tout en accordant une importance à l'aspect culinaire. Ce nouvel engouement pour le design et l'alimentation va se noter dans le foisonnement de ses filières d'enseignement partout en Europe, encadrées par les principaux pionniers du mouvement. Parmi les plus célèbres, on peut citer l'Université Umeå en Suède, avec son master Food design - Sensory Analysis and Product Development, l'École Polytechnique de Design de Milan et le Master Food Design and innovation, enseigné par Martí Guixé, ou le cours universitaire Food Design de Sonja Stummerer et Martin Hablesreiter à la New Design University de St. Pölten, en Autriche.

En 2014, le Food Non Food Department de la Design Academy d'Eindhoven est créé par Marije Vogelzang. Il s'agit d'un cours de premier cycle de l'enseignement artistique; son objectif est de se concentrer sur les matériaux, la politique, la communication et les idées. Cette nouvelle section va former une génération de food designers orientés vers le changement, la résolution de problèmes et le futur de notre alimentation. En 2015, lors du Salone Del Mobile de Milan, le jeune département présente son programme et sa nouvelle approche du design et de l'alimentation avec l'exposition *Eat Shit.* La « merde » y est envisagée comme un connecteur qui relie la nourriture à la non-nourriture. D'ailleurs, la designer avouera être fascinée par le fait que ses créations sont absorbées et mangées : « finalement, je crée juste de la merde ». L'exposition va donner le ton au département et lui permettra de se démarquer complètement de l'aspect culinaire de la discipline. Pour Vogelzang, *Eat Shit* marque la différence entre deux visions, celle du eat design et celle du food design. Depuis 2014, les Pays-Bas occupent une place importante dans l'élaboration de nouvelles perspectives alimentaires et offrent au food design un soutien et un terrain favorable au développement d'une discipline solide. Un intérêt croissant que l'on retrouve dans les projets présentés lors des dernières éditions de la Dutch Design Week. De nombreuses initiatives en relation avec le design et l'alimentation vont également se construire. En témoignent les expositions spéculatives *Meat the Future* ou *Future Food Expo* du réseau Next Nature Network ou la création du Dutch Institute of Food & Design (DIFD). Issu d'une collaboration entre la conférencière Helen Kranstauber et Marije Vogelzang, le DIFD est une plate-forme mondiale pour les designers travaillant avec la nourriture et l'alimentation.

**Martí Guixé**
*Spamt*, 1997
© photo Inga Knölke

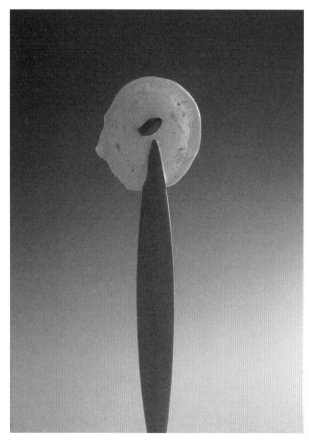

**Martí Guixé**
*Oranienbaum Lollipop*,
1999
© photo Inga Knölke

**Martí Guixé**
*I-cakes*, 2001
© photo Inga Knölke

La décoration devient information.
La proportion des ingrédients est
symbolisée par les parties colorées
du glaçage.

Decoration becomes information.
The proportion of the ingredients
is symbolised by the coloured
segments of the icing.

**Marc Bretillot**
*Crus de Cacao*, 2003

© photo Lawrence Perquis

Ce projet est
une expérience
pluridisciplinaire et un
travail sur les volumes et
formes qui tend à mettre
en lumière l'expression
de cinq crus de cacao
associés à cinq breuvages.
La décoration devient
information.

This project is a
multidisciplinary
experiment working with
volumes and shapes,
which aims to highlight the
expression of five cacao
origins associated with five
beverages.

**Marc Bretillot**
*Le Grand Déjeuner*, 2002
© photo Marc Bretillot

Le designer porte une attention particulière sur le « faire comprendre » des aliments. Sur plusieurs dizaines de mètres, se dresse une double table, longue et étroite. Entre les tables, se trouve un vide grillagé habité par des poules, lâchées sur un lit de paille. Au-dessus, plusieurs chariots sur des rails effectuent mécaniquement le service du repas. Les déchets des assiettes sont ensuite jetés aux poules, sensibilisant les convives aux cycles alimentaires.

The designer pays particular attention to ensure that food "is understood". A long, narrow, double table extends over several tens of metres. Between the tables there is a caged space inhabited by chickens, who roam freely on a bed of straw. Above them, several carts on rails mechanically serve the meal. The waste from the plates is then given to the chickens, making the guests aware of the food cycles.

**Marc Bretillot**
*Restaurant CHOUX*, 2006

© Marc Bretillot

Dans la même ligne que *Le Grand déjeuner*, Marc Bretillot propose une expérience sensorielle globale. Deux rails rectilignes reliant et traversant la cuisine et la table, sur lesquels cheminent des chariots font le lien entre le faire et le consommer.

Along the same lines as *Le Grand déjeuner*, Marc Bretillot proposed a global, sensory experience. Two rectilinear rails connecting and passing the length of the kitchen and the table, on which carts run to create the link between making and consuming.

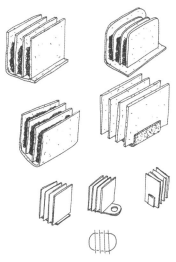

**Marc Bretillot**
*La Grande Épicerie de Paris*, 2004

© Marc Bretillot

**Diane Leclair Bisson,** *échantillons alimentaires – Doubles Bols,* 2008 © photo Pol Baril

**Francesca Sarti,** *Edible Material Library*, Arabeschi di Latte, 2016 © photo WTD Magazine

Installation explorant la matérialité de la nourriture. L'aliment est traité comme un échantillon de matière. Il est affiché comme un élément sculptural et abstrait améliorant les connexions et les similitudes avec d'autres matériaux tels que le bois, le marbre, le cuir, les textiles, la résine et l'argile.

Installation exploring the materiality of food. The food is treated as a sample of material. It is displayed as a sculptural and abstract element, improving connections and similarities with other materials such as wood, marble, leather, textiles, resin and clay.

**Stéphane Bureaux**
*Barb Ahlala*, 2007
© photo L. Seminel

Le processus de création se déroule en deux phases. Premièrement, on réalise un moule à paroi mince en chocolat. On verse la glace dans ce moule et on le place au congélateur. Pour la dégustation, on place le dessert au micro-ondes ; le chocolat fond en nappage alors que la glace est transparente aux ondes.

The creation process involves two phases. Firstly, we create a mould with a thin layer of chocolate. We pour the ice-cream into this mould and place it in the freezer. When it is served, the dessert is placed in the micro-wave oven; the chocolate melts and coats the ice-cream, which is unaffected by the microwaves.

**Stéphane Bureaux**
*Glace Non Radio Active*, 2007
© photo L. Seminel

**Stéphane Bureaux**
*Hommage à Jean Prouvé*, 2004
© photo S. Bureaux

Composé de 3 fines couches de pâte feuilletée glacées à la framboise. Un tripode en biscuit de chocolat émerge du centre qui soutient un disque perforé en chocolat. Le gâteau renferme des inserts de crème au basilic. Pas de décor, juste six lignes de découpe qui garantissent le partage équitable des parts, dans l'esprit humaniste de l'architecte Jean Prouvé.

Composed of three fine layers of puff pastry glazed with raspberry. A chocolate biscuit tripod emerges from the centre, which supports a perforated chocolate disc. The gâteau is layered with basil cream. There is no decoration, just six cutting lines to ensure it is shared equally, in the humanist spirit of the architect Jean Prouvé.

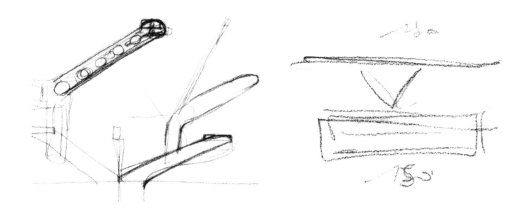

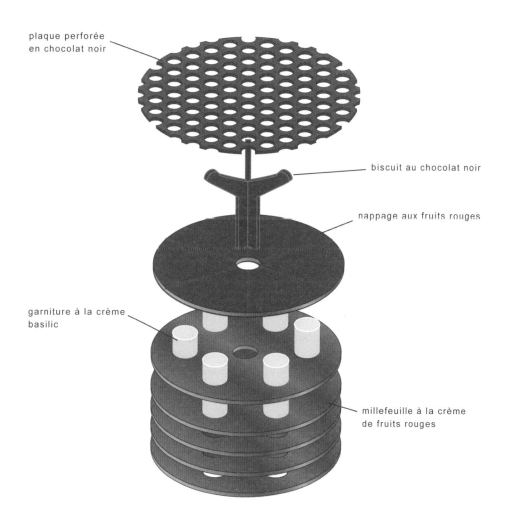

plaque perforée
en chocolat noir

biscuit au chocolat noir

nappage aux fruits rouges

garniture à la crème
basilic

millefeuille à la crème
de fruits rouges

Organisé lors du London Festival of Architecture 2008, ce concours a réuni plus de cent architectes sur la thématique de la gelée. Le gagnant a été élu "Ultimate Jelly Architect" par les chefs Heston Blumenthal et Maxwell Hutchinson.

Organised during the London Festival of Architecture 2008, this competition brought together over one hundred architects on the theme of jelly. The winner was hailed as the "Ultimate Jelly Architect" by the chefs Heston Blumenthal and Maxwell Hutchinson.

**Bompas & Parr,** Sam Bompas et Harry Parr,
*Architectural jelly banquet Jelly St Paul's Cathedral*, 2008
© photo Greta Ilieva

**honey & bunny,**
Martin Hablesreiter et Sonja Stummerer
*eat-VALUE-design*, 2016

© photo Ulrike Köb

**honey & bunny**, Martin Hablesreiter et Sonja Stummerer, *eat-VALUE-design*, 2016 © photo Ulrike Köb

**Marije Vogelzang**
*Color Food,* 2002
© photo Marije Vogelzang

Au lieu d'approcher les aliments comme sains et malsains, ils sont considérés en fonction de la couleur. Selon certaines études, les collations rouges stimulent la confiance, les collations jaunes stimulent l'amitié, les collations noires stimulent la discipline...

Instead of approaching food as being healthy and unhealthy, it is considered in terms of its colour. According to certain studies, red snacks stimulate confidence, yellow snacks stimulate friendship and black snacks stimulate discipline...

**Marije Vogelzang**
*Volumes,* 2017
© photo Marije Vogelzang

Les pontis vivent dans des volcans et se nourrissent de cendre, ce qui rend leur chair délicatement fumée. Ils utilisent leur queue raide pour creuser des terriers dans les couches fermes de magma. Ces queues rigides font du ponti une collation de fête parfaite car vous pouvez simplement le ramasser par la queue et garder vos doigts propres.

Ponti live in empty volcanoes and nibble on the ashes of volcanos. Therefore Ponti meat is delicately smoked. Also they need to make burrows in the firm magma layers. They use their stiff tails to do this. These stiff tails make Ponti a perfect party snack, because you can simply pick it up by the tail and keep your fingers clean.

**Marije Vogelzang**
*Faked Meat*, 2008
© photo Marije Vogelzang

**Magali Wehrung,**
Hoplastudio,
*Totem Pot-au-feu*, 2008

© photo Herve Ternisien

**Delphine Huguet**
*Eat-it bloc*, 2009
© photo Studio Delphine Huguet

**Germain Bourré**
*Cloches à saveurs*, 2009
© photo Germain Bourré/Germ studio

**Julie Rothhahn,**
*Empreintes*, 2014

© photo Julie Rothhahn

Adelaide Lala Tam,
0.9 Grams of Brass, 2018
© photo Ronald Smits/Joel Hunn

# 2

## DEVELOPMENT OF FOOD DESIGN: THE PIONEERS

According to the journalist and food activist Michael Pollan (1955), "The way we eat has changed more in the last 50 years than in the previous 10,000."[1] Industrialisation and the transition to a consumer society has created a favourable environment for exchanges between the design and food sectors. Feeding ourselves is no longer a vital function, it has become the affirmation of a life choice, taking a stance and above all, one of the leading trends in globalised culture. In the 1990s, a handful of designers distanced themselves from the conventional topics to reflect and experiment around the subject of food. They were considered to be the pioneers of a new branch of studies: food design. The analysis of its development can help us to understand the evolutions of consumer habits and the public's growing awareness of the "food system". The history of the new discipline is rooted in industrial and food design. Its development has been facilitated by a combination of artistic, cultural, industrial and social influences, along with gastronomic and culinary factors.

1 — *Food, Inc.*, Robert Kenner, Magnolia Pictures, 2008, documentary film, 1h38

The last two decades of the 20th century brought about radical change in our relationships to food and our food culture. A media frenzy established around the concept of "nouvelle cuisine", promoted by the food critics Henri Gault and Christian Millau. The status of gastronomy rose to that of architecture, painting or music. At the same time, the boundaries between art and food were questioned by artists from the Eat-art movement. In their performances, they challenged our certainties about food and questioned our customs around meals. The 1980s also fostered a generation of consumers who were fed advertising images, and who demanded higher quality products as well as new flavours and experiences. In response to these expectations, the industry turned to adding artificial aromas and new ingredients (refined starch, gums, fat substitutes, colorants, etc.). Then with the appearance in the 1990s of certain food scandals such as mad cow disease and dioxin, the use of genetically modified organisms and the presence of chemical residues in food were to lead on the one hand to reinforcing food safety and on the other, the onset of a certain mistrust among consumers with regard to the agri-food industry. A form of civil resistance has insinuated its way into consumer choices. Questions around environmental sustainability and globalisation are at the heart of debates and the "benefits" of modernity on the entire functioning of society (economy, industry, technology, architecture and urbanisation) are called into question. The global system of food production and the consumer society have not escaped criticism. In 1986, Carlo Petrini's Slow Food movement emerged in Italy. His creation was centred around a protest against the opening of the first McDonald's restaurant in the centre of Rome. Slow Food campaigned against consumption based on the fast-food model and aimed to make the public aware of a more ethical form of consumption. In 1989, the movement became international and published its first manifesto. This publication opposed another manifesto, published fifty years earlier by the Italian futurists. In their definition of futurist cuisine, Marinetti and Fillia hailed the virtues of modernity, standardisation, speed and the future consumption of technical and chemical foods. In a book written jointly with the chef Alice Waters, Carlo Petrini revisited the foundations of the Slow Food Manifesto, pointing out the need to: "stop the fast-food virus and all its collateral effects," and making a "modest proposal for a progressive (in both senses) recovery of mankind as individual and species, and a clean-up of the environment so as to make life lovable again, starting with the elementary pleasures."[2]

---

2 — Carlo Petrini, forward by Alice Waters, *Slow Food, the Case for Taste*, New York, *Columbia University Press*, Trans. William McCuaig, 2003

Slow Food is not simply the opposition to industrial production, but an anticipatory reflection of the rapid effects of food production by promoting sustainable agriculture, reasonable consumption and safeguarding biodiversity.

A change in our cultural attitudes in relation to food arose at the end of the 20th century. Several studies began to explain to the general public the strengths but also the drawbacks of the technologies used in the food industry. These publications revealed a series of problems connected with health and nutrition, the environment, food waste and famine around the world. In this context of transformations and above all questioning, food design gradually took a seat at the table of design disciplines. For Marinella Ferrara, Professor of industrial design at the Polytechnic School of Milan and Sonia Massari, Director of the International Institute for Food Studies in Rome[3]: "We are currently aware that in the concept of food design, various disciplines have come together and are being combined: chemical engineering with molecular physics, biology and genetics, anthropology and psychoanalysis, the sociology of nutrition and the notion of reception and conviviality connected to food."

**3** — Marinella Ferrara and Sonia Massari, *Evoluzione del concept food design: intersezioni storiche tra cibo, design e cultura alimentare occidentale, sur le site Associazone Italiana del design,* http://www. aisdesign.org/aisd/evoluzione-del-concept-food-design
"Oggi si è consapevoli che nel concetto di Food Design si incontrano e mescolano diverse discipline: dall'ingegneria chimica alla fisica molecolare, dalla biologia alla genetica, dall'antropologia alla psicoanalisi, dalla sociologia dell'alimentazione al progetto delle forme di accoglienza e convivialità legate al cibo."

# 2.1   Martí Guixé

The first person to use the terms "food" and "design" to describe his research was the designer Martí Guixé (1964). In the mid-1990s, the work of the Catalan creator started from the observation that food is one of the most consumed goods, and yet it has never been thought of as an object. The designer began his analysis of food as if it were a design project, taking into account a series of parameters, such as the convenience of its use, ergonomy, industrialisation procedures, packaging and behaviour connected with its use. The pioneer distanced himself from the dominant design trend to embark on a specific direction by taking an interest in food. Guixé admits having found himself excluded from the fields of art and design: "I think my position has broken a few barriers and shifted some disciplines and has also generated some confusion. I think that working with ideas and avoiding forms and materials has allowed me to pass from one context to anotherwith complete independence, and to constantly change levels."[4] In 1997, Martí Guixé devised *Spamt* (see page 84), a hybrid combination of traditional Catalan tomato bread (*pà amb tomàquet*) and industrial food. He created an edible object which was suited to the new, nomadic ways of eating meals. "Spamt arises out of the neutralization of the opposition between a tradition that is rich in connotations but obsolete in its use, and an efficient modernity that is nevertheless lacking in symbolic allure, making it quite possibly the first product of food design."[5] For the designer, reconsidering food is about focusing on the function and the informative aspect of food rather than its purely formal aspect. His creations seek out a logic and demonstrate an attraction towards information as the basis of a new food language. In the case of *I-cakes* (see page 85), the diagrammatic explanations are entirely logical, but they are also very useful. The designer proposed a new type of food that is integrated in the contemporary consumer society, but he also defines the experience of using it. With *Oranienbaum Lollipop* (see page 84), once the sweet has been sucked, there is a seed that has to be "spat out", which will make a sporadic contribution to reforestation.

---

4 — Martí Guixé, Food designing, Corraini Edizioni, 2015. "I think my position has broken a few barriers and shifted some disciplines and has also generated some confusion. I think that working with ideas and avoiding forms and materials has allowed me to pass from one context to another with complete independence, and to constantly change levels."

5 — Martí Guixé, *Food designing*, Corraini Edizioni, 2015. "*Spamt* arises out of the neutralization of the opposition between a tradition that is rich in connotations but obsolete in its use, and an efficient modernity that is nevertheless lacking in symbolic allure, making it quite possible the first product of food design"

Food design is generally accepted as a global project that takes into account social and geopolitical issues, along with health problems and naturally, concerns about taste. For the designer, the edible object is characteristic of the fact that it disappears once it is swallowed and is transformed into energy: "It is an object, a product with a vital function; it is practical, possibly ritual or relational, and it is ecological. It is a highly finished product and it disappears as an entity once it is eaten. Its function is to keep you alive, but now this function has become more complex. I think that the true function of food design is the choice it offers you to do what you want with your body, in the immediate future and in the long term. I mean, it is really a tool for controlling the packaging of your mind, your body. I think that's why food design must be honest, because its an instructional object, not a functional object."[6]

**6** — Martí Guixé, *Food designing*, Corraini Edizioni, 2015

## 2.2  Marc Bretillot

In France, one of the first encounters between design and food focused on the dessert *La cerise sur le gâteau*, made by the maison Fauchon. The pâtissier Pierre Hermé called upon the Irish designer Yan Pennor's to create "a simple, spectacular form" for the gâteau, which has become an enormous commercial success. But the research work of Marc Bretillot and Stéphane Bureaux is without doubt what spotlighted French culinary design.

In 1998, the designer Marc Bretillot formed the Equarrisseurs group and created a series of disconcerting performances around food. During the happening *D'la soupe (2002)*, the musicians in the group played hard rock under a giant table, whilst operating domestic robots remotely to prepare a soup above their heads. For Bretillot, the idea was a particularly interesting line of research: "as long as it is not spoiled, yes, we should play with food!"[7] His food experiments were to develop new codes in the relationship between food and the eater. In the designer's presentations, each project is an "edible story" told by the food itself. The concept of the "feast" is a recurrent feature of the designer's work.

From Jean Anthelme Brillat-Savarin (1755-1826) to the chefs Pierre Gagnaire (1950) and Thierry Marx (1959), via the Italian futurists, Marc Bretillot has a broad culinary and gastronomic culture. He also defines himself as a "culinary designer", as cooking plays a preponderant role in his creative work. Yet we have to understand that a food designer is not a cook and conversely, a cook is not a food designer. Bretillot's training at the Ecole Boulle, his classes in the modelling workshop and his knowledge of forging and glassmaking certainly influenced the "culinary designer"'s working methodology. Over the course of his career, he created a series of "table machines" and "presentation and tasting implements", such as the machine to randomly coat shortbread biscuits (2001) and the champagne chilling robot (2001), which makes it possible to serve eleven bottles one after the next. We can see here a parallel with the culinary future of high-tech dreamed of by the Italian futurists, with their mechanical inventions such as the ozoniser to perfume dishes or the ultraviolet lamp to make substances more active. Bretillot's research also explored the formal aspect of our food. The designer builds, assembles and processes food material like any other material. In 2004, for the *Grande Épicerie de Paris* (see page 89), he revisited the ergonomy of the mille-feuille to make it easier to cut. For Bretillot, the form is indissociable from the content and the organoleptic qualities of projects are decisive and have to prevail over the idea and concept in food design.

# 2.3   Food-material in food design

This notion of food-material takes its meaning from the experiments of Diane Leclair Bisson (1960). Since the 2000s, the Canadian designer has conducted experimental work on edible materials (see page 90) in order to create edible containers. Her reflection is based on the excessive consumption of objects and its resulting pollution. The disposable plate and food packaging are symptoms of a change in consumption practices owing to urban mobility. Rather than working on biodegradable containers, the Canadian designer focused on the concept of an edible container, inciting a new habit around food. This work on edible plates is a good example of the application of food design. It is based on a fundamental problem: the concept of a marketable product that responds to nutritional, health and organoleptic criteria. The consistency of the material has to be capable of containing a preparation and has to be easy to hold in your hands. The material has to be solid, thermally stable (to be able to contain hot food) and sometimes permeable (to contain liquids). Furthermore, it has to be relatively fine and have a neutral flavour. Diane Leclair Bisson made a series of samples of food materials by reinterpreting the traditional recipes for craquelin, vegetable cakes, pancakes and jellies. This research work opened the way for a series of projects in which the container disappears by being eaten, such as Katja Gruijters's *Bread palette* (2001), *Marije Vogelzang*'s *Sugarspoon* (2004) and the *Cookie Cup* (2013) *co*ated with an insulating, impermeable layer of icing, designed by Enrique Luis Sardi for Lavazza. In 2013, the notion of an edible, soluble container was developed by the company Notpla, established by Rodrigo Garcia Gonzalez and Pierre Paslier. They created *Ooho,* a flexible container for drinks and sauces. Made of algae and plants, it is biodegradable in four to six weeks, but can also be eaten.

# 2.4  Stéphane Bureaux

In his book *Design Culinaire,* Stéphane Bureaux returned to the origins of the discipline[8]: "The first phase was that of the precursors. When in 1995, I went to see Stef, the pâtissier from Nancy, to develop my first projects, I was a very long way from imagining that culinary design could achieve such significance. Furthermore, name of the discipline didn't even exist." This immersion in the world of culinary design revolved around his collaboration with the pâtisserie chef Stef in Nancy to create his visual identity. Very soon, Bureaux moved towards a global approach to design by devising original pâtisseries, reflecting the personality of the company. Working closely with the pâtissier Stéphane Marchal, he redesigned the mille-feuille to make a simple product, disencumbered of its decorative icing. Other creations followed, such as the desserts by Jean Lamour (2005) and the Gruber steak (1999). The designer began working with food professionals. His objective was to raise awareness among the young generation of chefs about design in general and culinary design. Through a series of exchanges, questions and experiments, Bureaux established links between the various creation activities, such as cooking and design. A series of innovative dishes emerged from these chef-designer duos, such as *Barb Ahlala* (see page 92) with Eric Guérin (1970) and the *Galette Bluetooth* (2007) with Stéphane Marchal.

However, collaboration between the two activities remains complicated. even if the media development of nouvelle cuisine in the 1980s brought a breath of fresh air to gastronomy, the intervention of design is often limited here to the creation of plates or the visual identity of the restaurant. However, certain chefs such as Heston Blumenthal (1966) and Ferran Adrià supplemented their culinary approach with design. This collaboration enabled them to structure their research and develop a series of new proposals which placed them above other chefs in terms of innovation and experimentation. ElBulli, Ferran Adrià's restaurant, was classed as the best restaurant in the world in 2002, 2006, 2007, 2008 and 2009. The cuisine of the Catalan chef is a pretext for experimentation and food is the means to achieve it. We find the same reflection in the work of food designers.

**8** — Cécile Cau and Stéphane Bureaux, *Design Culinaire, Editions Eyrolles, Paris, 2011*

Stéphane Bureaux confirms having been influenced by the work of Hervé This, the father of molecular gastronomy, and having discovered in it an unexplored potential. The use of science and new technologies is a major creative lever for food designers. Science makes it possible to decrypt and master techniques, in order to broaden the field of work. With his *Glace Non Radioactive* (see page 93), working with the chef Frederic Coursol (1973), Bureaux composed a truly "technical dessert". Composed of three flavours of ice-cream, enclosed in a compartmentalised chocolate mould, the dessert is placed in the microwave oven before being served. Transparent to the microwaves, the ice does not alter and the chocolate is transformed into a delicious, warm sauce.

2005 is an important year in terms of the recognition of French culinary design by professional circles. In this year, Stéphane Bureaux's *Hommage to Jean Prouvé* (see pages 94-95) *d*essert received an award from the Agency for the Promotion of Industrial Creation (APCI). The gâteau's design offered a solution to a global issue: to design a product taking into account production constraints, the pleasure of eating and the symbolic significance of its production. Each element of the dessert is prefabricated and designed to be assembled at the last moment. Stéphane Marchal developed the perfumes and textures and Stéphane Bureaux devised the assembly system and the utensils required for its construction. The ACPI also adopted the definition of culinary design written by Stéphane Bureaux: "Because it touches or sensibilities, appeals to our brains and brings to the table all the senses, always accompanied by the great difficulty of doing *good,* culinary design defends truly specific issues. By placing flavour as the absolute arbiter, the implacable requirement of this design is to provide pleasure. But this is not its sole objective. Practising culinary design also imposes a determination to express intentions, relations and emotions. It is of course a speciality, but as the designer is also inspired by transversality, we do not necessarily have to make it a specialisation: culinary design is primarily design!"

# 2.5   Performance in food design

The press soon took up the subject because it is amusing, visual and touches on a federating theme: food. In his book, Stéphane Bureaux states[9]: "...certain projects have been relayed by the media and in so doing it has given culinary design a public visibility and a reality for potential clients. It followed a classic process: first to become known, then to reassure clients and make them aware of the potential repercussions." Attracted by the novelty, the press has sometimes propelled the discipline in a fantastical direction and has often confused it with creative cooking or molecular cooking. The playful aspect of food design is a significant element. Playfulness and humour made it possible to broach difficult subjects and open them up to questioning and debate. Through performances, food designers define the rules of the game and invite the eater to take part in an experience in which food becomes transgressive and the bearer of messages. In these happenings, all the senses are brought into play, the participant does not always understand what he is tasting and does not always taste what he thinks it is. A sort of exchange and sharing takes place, as already found in the banquets of the Eat-art movement. Since the 1960s, Daniel Spoerri has been organising meals with a social dimension that breaks down taboos. We could, for example, see guests there, often from a privileged background, eating "poor" or "prison" food. These performances question the universal value attributed to taste.

Nowadays, the concept of performance in food design has become a veritable tool for creation, communication and raising awareness. It makes it possible to open up new perspectives for reflection on the future of our food and calls into question our meal culture. The duo composed of Sam Bompas (1983) and Harry Parr (1982) also explored the limits of taste and how performances can influence the palate. Their first experiments focused on jelly. Owing to its uniquely mouldable and structural form, "jelly" is an interesting means to analyse the relationship between architecture and food. Their studio called upon several competences (architecture, science, design, motion design, etc.) to create multi-sensorial performances in which all aspects of a meal are controlled: sound, colours, music, aroma, perceptions, etc.

---

**9** — Cécile Cau et Stéphane Bureaux, *Design Culinaire, Editions Eyrolles, Paris, 2011*

Since 2003, another duo, honey & bunny, created discursive performances around food and its production and consumption system. The architects and food performers, Sonja Stummerer and Martin Hablesreiter concentrate mainly on subjtects such as sustainability or relationship between human beings and food, which largely result from cultural problems. In 2009, they wrote a book about the historic and formal evolution of food as a material and demonstrated how shape, colour, aroma, sounds and cultural values influence the design of food products. In Italy, the food designer Francesca Sarti (1977) founded Arabeschi di Latte in 2001. It is a studio in which the designer attempts to create social, interactive experiences around food. The Italian designer bases her research work on customs, social trends and rituals from around the world. Her objective is not to create products, but rather to draw conclusions from these various interventions.

# 2.6  Marije Vogelzang

In Holland, Katja Gruitjers and Marije Vogelzang, students at the Design Academy in Eindhoven, were the first designers to question their stomachs. At the heart of conceptual design and the Droog collective in the Netherlands, the two designers chose to structure their research around food. For her final-year project in 1998, Katja Gruijters explored various ways of creating meat substitutes. Since the studio's creation in 2001, the food designer has analysed connections between food, science, technology, culture, nature and design.

Marije Vogelzang aims to propose a different approach to food design: "Because I'm not just focused on the aesthetics, I deliberately don't call myself a Food Designer but an Eating Designer. The food itself is already perfectly designed by nature, so there's hardly anything I have to add to it."[10] Beyond the visual, formal aspect, eat design is a design approach that is no longer based on food as an object, but on the act of eating and the emotional impact of food. Vogelzang's research focuses on the influence of food on the eater and on the environment rather than on its qualities as a material. She embarked on a genuine reflection on the psychology of food, as soon as she completed her studies, with her first project *White funeral meal* (1999), a performance in which she experimented with the comforting power of white food. In 2002, with *Color food* (see page 100), the designer considered the subliminal effect of colour on food. This relationship between emotions and what we eat takes on its full meaning with *Black Confetti* (2005), a buffet project on wartime food, organised in the context of an exhibition on the bombing of the city of Rotterdam in 1940. The eating designer realised that a mouthful of "Valsch Vleesch" (fake meat made from beans and flour, eaten during World War II) can release a range of emotions, both sad and affectionate. "In fact, with *Black Confetti*, it was the first time that it dawned on me that food not only nourishes the stomach but also the soul. A design can enter people literally as well as figuratively."[11] The designer considers food to be the ideal bond to bring people together. She tries to make the eater aware of what is essential, by reminding them how something very simple, like a sandwich prepared for someone you love, can become important. This

---

**10** — Marije Vogelzang, *Eat Love. Food concepts by eating designer*, BIS Publishers, Amsterdam, 2010
**11** — Marije Vogelzang, *Eat Love. Food concepts by eating designer*, BIS Publishers, Amsterdam, 2010

notion of exchange and sharing is recurrent in Vogelzang's performances. In *Eat-Love-Budapest* (2011), the participants were fed by a gypsy woman whose hands were all that they could see of her. Whilst giving them food, she told them personal stories connected with the food being served. At the height of the debate on the acceptance of gypsies in Hungary, this performance went beyond a simple ritual of a meal. In the form of an emotional experience, she considers the societal aspect of food.

For Vogelzang, design should be a bridge between scientists, industrialists, farmers and consumers. Historically, designers have not played a decisive role in the food production, distribution or consumption process. At the current time, we realise that the food system is failing and needs to be changed in ways we had never previously considered. Industry needs creators who are capable of "design thinking" and applying it to food. With the *Faked meat* project (see page 101), the eat designer questions this stubbornness to make vegetarian meat substitutes look like meat. Why do products made from soya proteins, which are supposed to replace meat, have to look like meatballs, hamburgers and schnitzels? Out of step with this industrial trend, the designer invents imaginary animals who each have a habitat, a way of life and a diet, i.e. a series of factors which will influence the taste and shape of the meat. Marije Vogelzang highlights a significant duality in our food production system in the near future. On the one hand, the industrialisation of our food is going to intensify and separate us even further from food, and on the other, we notice an awareness among some consumers who are moving towards a more sustainable, environmentally responsible system. The two diametrically opposing visions nevertheless constitute a challenge for current and future food designers.

# 2.7   Education and food design

In 1999, the first Atelier de recherche en design culinaire took place under the impetus of the designer Marc Bretillot, professor of materials at the Ecole Supérieure d'Art et Design (ESAD) in Reims. He lectures on the close links between traditional and culinary equipment. The first exercices look at the transformation of materials using food as the basis for work and experimentation. the first academic year consists of a wide range of projects whose objective is to introduce 'life' into the designer's training. In the following years, teaching is structured around various themes such as meat, dairy products, food landscapes and chocolate. A combination of collaboration and events, Bretillot's studio is oriented towards various influential areas in the food sector: industry, artisanal production and catering. In the 2000s, the concept of food design expanded but the task of establishing its rules and limits remain complex, as everything involved with gastronomy, particularly in France, is strictly categorised. For the journalist and lecturer Thierry de Beaumont[12]: "it is not a matter of designing plates or cutlery, but exploring new sensations and envisaging a different approach to rituals around food. The recipe for culinary design is not to have one! It aims to make cuisine a festival for the senses, but also of meaning." The studio is going to train a young generation of food designers like Julie Rothhahn (1982), Delphine Huguet (1980), Agathe Bouvachon (1985) and Magali Wehrung (1986), who will benefit from the media interest for this new creative discipline. In 2015, the studio initiated by Bretillot became the *Master's in Design & Culinaire*, under the aegis of the food designer Germain Bourré (1977). The new name strengthened the importance of bringing together all the food design and creation practices with the field of food, whilst confronting the issues of "feeding ourselves in the future". However, in the early 2010s, the French press seemed to be losing interest in food design. For Germain Bourré, this situation could be explained by two reasons: "The design press has always found it difficult to confirm the fact that we can speak of design in relation to food. Also the food press has begun to take a greater interest in chefs and their personalities."

---

**12** — Marc Bretillot and Thierry de Beaumont, Design Culinaire : le manifeste, ESAD in Reims and the Department of Culture in the City of Reims, 2004

For more than a decade, ESAD has been *the* pioneer in teaching food design. Carried along by the media interest in the new discipline, more and more schools are opening their own departments and various professional training bodies have also started to take an interest, such as the hotel school in Avignon, which has created its own food design laboratory. In 2012, the designer Françoise Laskar approached Stéphane Bureaux to launch the Executive Master's in Food Design at the Fine Arts Academy in Brussels (ARBA-ESA). In his approach, the food designer highlights three essential points: knowledge (culture), know-how (practice and projects), and making it well-known (communication). His objective is to respond to current food issues by making use of human sciences, design and art, whilst placing importance on the culinary aspect. This new enthusiasm for design and food was notable from the rapid increase in educational courses around Europe, supervised by the principal pioneers of the movement. Among the most famous, we can cite the University Umeå in Sweden, with its Master's in Food Design - Sensory Analysis and Product Development, the Polytechnic Design School in Milan and its Master's in Food Design and Innovation, taught by Martí Guixé, or the Food Design degree course taught by Sonja Stummerer and Martin Hablesreiter at the New Design University in St. Pölten, Austria.

In 2014, the Food Non Food Department of the Design Academy in Eindhoven was created by Marije Vogelzang. It offered an undergraduate course in artistic education; its objective was to focus on materials, politics, communication and ideas. This new section was to train a generation of food designers oriented towards change, problem solving and the future of our food. In 2015, during the Salone Del Mobile in Milan, the young department presented its programme and its new approach to design and food with the exhibition *Eat Shit.* The "shit" envisaged there was a connecting factor between food to non-food. The designer also admitted to being fascinated by the fact that her creations are absorbed and eaten: "in the end, I just create shit." The exhibition set the tone for the department and enabled her to stand apart completely from the culinary aspect of the discipline. For Vogelzang, *Eat Shit* marked the difference between two visions, that of eat design and of food design. Since 2014, the Netherlands has played a major role in the development of new perspectives on food and offers support and a favorable terrain for food design, enabling it to develop into a solid discipline. There is a growing interest in the projects presented during the latest Dutch Design Weeks. A number of initiatives related to design and food are also planned, as demonstrated by the speculative exhibitions *Meat the Future* and *Future Food Expo* by the Next Nature Network and the creation of the Dutch Institute of Food & Design (DIFD). Resulting from collaboration between the lecturer Helen Kranstauber and Marije Vogelzang, DIFD is a global platform for designers working with food and nutrition.

# 3

ÉVOLUTION DU FOOD DESIGN :
THE SERIAL EATER

Depuis ces dix dernières années, les récentes prises de conscience du grand public sur l'impact environnemental de notre consommation ont influencé le secteur alimentaire. Le food design, en plein développement depuis les années 2000, va se calquer sur ces nouveaux questionnements et débats. Les projets et les propositions des designers ont évolué en même temps que nos inquiétudes liées à la santé, à la sécurité alimentaire, aux filières agricoles ou à la provenance de notre nourriture. Il est certain que le design accompagne le changement autant qu'il le provoque. De son côté, le secteur de l'alimentation s'est adapté aux changements historiques, culturels, économiques ou politiques mais aussi aux développements technologiques. Une nouvelle génération de designers va synthétiser ces bouleversements dans des projets visionnaires et innovants. Une proposition plus conceptuelle et technologique de notre alimentation s'installe dans les perspectives d'avenir de nos assiettes.

Michiko Nitta (1978) et Michael Burton (1977) étudient des méthodes alternatives pour alimenter le corps. Le projet *Algaculture* (voir page 141) questionne une nouvelle relation symbiotique entre l'homme et les algues. Les deux designers imaginent un avenir où les humains seront « améliorés » et nourris par des algues vivant à l'intérieur de nouveaux organes corporels. Ce système nous permettrait d'être semi-photosynthétiques et de créer, comme pour les plantes, de la nourriture grâce à la lumière. La biotechnologie et la nanotechnologie pourraient également faire partie de notre futur quotidien. Le projet spéculatif *Bioplastic Fantastic* (voir page 140) de Johanna Schmeer (1989) vise à ouvrir le débat sur leurs applications dans l'alimentation. La designer crée des produits comestibles fabriqués à partir de bioplastiques et enrichis d'enzymes. Schmeer souligne les opportunités formelles de conception avec ces nouveaux types de matériaux alimentaires. La perte de sensualité naturelle ou de gourmandise des aliments traditionnels est remplacée par la création d'une sensualité artificielle. Pour Marti Guixé, l'objet alimentaire issu du food design a trouvé son support idéal dans la technologie et notamment celle de l'impression 3D. *Digital Food* (voir page 142) est l'achèvement d'un projet personnel sur l'objet comestible, débuté dans le milieu des années 1990 par le pionnier de la discipline. Ce projet d'aliments numériques repose sur un algorithme, analysant les données personnelles du mangeur, pour créer un produit aux valeurs nutritionnelles personnalisées et indépendantes du goût, de la couleur, de la texture ou de la forme. Cette vision de l'aliment personnalisé est aussi partagée par la start-up japonaise Open Meals. L'entreprise veut créer des sushis imprimés en 3D en analysant la salive, l'urine et les selles des consommateurs. De cette façon, chaque produit alimentaire est adapté personnellement aux besoins du mangeur. *Sushi Singularity* (voir page 142) se structure autour de la numérisation des aliments. Leur connexion via internet permettra la création de produits comestibles en ligne, leur partage et leur impression. Open Meals prévoit même l'ouverture d'un futur restaurant appelé Sushi Singularity Tokyo, où un système de bras robotiques, d'imprimantes 3D et de chefs composeront les menus. Dans cette perspective, on est très proche des travaux spéculatifs des futuristes italiens, qui au début du XXe siècle avaient imaginé nourrir la population par la radio, en diffusant des ondes nutritives et alimentaires. Avec l'augmentation du nombre de produits comestibles de haute technologie et de nouvelles méthodes de production, les consommateurs sont de plus en plus préoccupés par la qualité et la provenance des aliments. Aujourd'hui, dans plusieurs domaines de notre société, un certain dilemme se crée entre un retour à des choses plus naturelles et authentiques et cet engouement frénétique pour la technologie à tout prix. Dans le secteur de l'alimentation, les consommateurs affirment une nette tendance à se diriger vers des produits bios, issus de circuits courts et au même moment, on voit se profiler une future industrie de la viande cultivée en laboratoire. Le projet de Chloé Rutzerveld (1992) pourrait être une piste de conciliation entre ces deux visions du monde. La food designer propose un aliment de haute technologie mais entièrement naturel, sain et durable, rendu possible par la combinaison de la croissance naturelle, de la technologie et du design. *Edible Growth* (voir page 143) utilise l'impression 3D d'organismes à l'intérieur d'une serre réutilisable. Après l'impression du produit comestible, le mangeur place la serre au soleil et grâce à la photosynthèse, les plantes et champignons qu'elle contient atteindront leur maturité. L'intensité gustative et olfactive du produit augmente en fonction de sa maturation, qui se reflète dans son changement d'apparence. Le consommateur choisit le moment de la récolte en fonction du goût désiré.

L'objectif du food design est donc de repenser l'expérience globale de la nourriture, en établissant de nouvelles limites et une nouvelle relation entre le mangeur et l'alimentation. Déjà avancée par les pionniers de la discipline, la nécessité d'appliquer le « design thinking » à notre système alimentaire devient une évidence dans notre société actuelle. En 2015, lors du Salone del Mobile de Milan, Mathilde Nakken (1994) lance un cri de ralliement « *make food not chair !* » (voir page 143). En réalisant cent chaises iconiques avec de la pâte à pain, la food designer dénonce le système actuel de production et de consommation. Avons-nous réellement besoin d'une cent-unième chaise pour s'asseoir ? Avec cette revendication, Nakken souligne l'importance pour le design de s'intéresser à des sujets sociaux comme la nourriture. Au-delà du geste esthétique, il doit poser une vraie réflexion sur notre alimentation proche et future. Les food designers ont un rôle crucial à jouer dans la refonte de notre façon de comprendre et d'utiliser l'alimentation. La façon dont nous concevons notre nourriture est révélatrice de notre représentation de l'être humain. Autrement dit, la nourriture du futur sera à l'image de l'homme de demain. Comme le souligne Thierry de Beaumont dans *Design culinaire : le manifeste : « Le mangeur est une espèce en voie d'évolution »*.[1] Le XXIe siècle voit s'affirmer une série de tendances de consommation et de profils comme le mangeur écoresponsable ou le végan, en totale opposition avec le carnivore contemporain. Des visions qui semblent parfois inconciliables dans notre société contemporaine. Dans un monde d'interdictions où prévaut une vision rationnelle et raisonnée de notre alimentation, la gourmandise semble bel et bien redevenir un péché capital. Et pourtant, le plaisir de manger et la dimension sociale du repas sont des éléments fondamentaux dans notre développement en tant que serial eater.

---

1 — École Supérieure d'Art et de Design, Design culinaire: le manifeste (contributors: Marc Bretillot & Thierry de Beaumont), ESAD, Reims, 2004

## 3.1 Le carnivore

Le mangeur de viande culpabilise. En quelques années, la société actuelle a remis en cause des millions d'années de carnivorisme. Selon l'Organisation des Nations-Unies pour l'alimentation et l'agriculture, l'élevage du bétail produit, à lui seul, plus de $CO_2$ que la conduite automobile. L'empreinte écologique du secteur de la viande est désastreuse, que cela soit dans sa consommation d'eau, son utilisation des terres cultivées pour la nourriture des animaux ou ses émissions de gaz à effets de serre. Avec une population mondiale estimée à neuf milliards de têtes d'ici trente ans, il sera impossible de maintenir nos production et consommation de viande. De plus, la question du bien-être animal dans les élevages industriels est une question sociétale de plus en plus débattue dans les médias et autour de la table. La viande cultivée en laboratoire semble être une alternative. Prédite en 1894 par le chimiste français Pierre-Eugène-Marcellin Berthelot (1827-1907), il faut attendre 2013 pour que le pharmacologue néerlandais Mark Post (1957) la concrétise sous la forme du premier hamburger de culture cellulaire. Cette nouvelle technologie est une piste de réflexion idéale pour le food design. En 2010, Stéphane Bureaux présente *TCC1* (voir page 144), un projet spéculatif qui consiste à faire pousser une boulette de viande sur un bâtonnet. Cependant, une question fondamentale se pose : accepteriez-vous de manger de la viande cultivée dans un laboratoire ? Dans l'esprit du consommateur, la viande in vitro est considérée comme un produit de qualité inférieure à la viande « réelle », car elle est artificielle et technologique. Dans un documentaire (2015) réalisé par Koert van Mensvoort (1974), Next Nature Network et Submarine Channel ont décidé d'explorer cette nouvelle culture alimentaire émanant de la viande de substitution. Le projet se base sur la mise en place du *Bistro in Vitro* (voir pages 145-146), un restaurant fictif qui propose une série de plats et de recettes réalisés avec de la viande de laboratoire. Le projet tente de réfléchir à l'éthique et à l'esthétique d'une possible nouvelle culture alimentaire en récoltant les avis de scientifiques, de chefs renommés et de critiques culinaires.

Dans cette recherche d'alternatives à la consommation de viande, certains food designers vont explorer les aspects nutritifs et environnementaux de l'emploi d'insectes dans notre alimentation quotidienne. Ils contiennent un taux de protéines semblable à celui de la viande mais leur élevage nécessite moins d'eau, moins de nourriture et moins d'espace. Cependant, ce régime alimentaire est culturellement difficile à adopter dans notre monde occidental. Le projet *Insects au gratin* (voir page 147) de Susana Soares (1977) étudie la possibilité d'utiliser un filament de pâte d'insecte imprimé en 3D afin de créer de nouveaux aliments. Son utilisation permettrait de créer de nouvelles formes alimentaires et de surmonter le « dégoût » que peuvent susciter les insectes dans notre culture. L'utilisation de la pâte d'insecte comme matériau alimentaire pourrait être une solution durable de nourriture face à la croissance de la population mondiale. Avec le projet *Broiler insect* (voir pages 148-149), Chloé Rutzerveld imagine, quant à elle, un futur où les vers, les criquets ou les cigales feraient partie intégrante de notre quotidien alimentaire. Reconnus pour leur haute valeur nutritive, ils seraient également appréciés pour leur saveur unique et leur application culinaire. Dans ce futur idyllique, la food designer soulève la question de l'hypothétique intervention humaine pour améliorer la taille, la saveur ou la texture des insectes. Comme il l'a fait avec le porc ou le poulet, l'homme sera-t-il tenté de modifier génétiquement cette nouvelle source de protéines ?

## 3.2   Le végan

Face aux récentes prises de conscience sur nos habitudes de production et de consommation, certains mangeurs se radicalisent. Les végans vont refuser d'utiliser les produits issus du monde animal ou de leur exploitation (aliments, cuirs, laine, médicaments ou produits de beauté testés sur des animaux). Plus qu'un régime alimentaire, le véganisme est un mode de vie centré sur la défense de la cause animale. Avec son projet *0.9 Grams of Brass* (voir page 106), Adelaide Lala Tam (1993) veut sensibiliser le consommateur à la valeur de la vie d'une vache dans l'industrie de la viande. Dans une vision critique de notre relation moderne avec la nourriture, la food designer crée une machine vendeuse de trombones en laiton. Chaque trombone est fabriqué à partir des 0,9 grammes de laiton qui compose la cartouche servant à l'étourdissement de la vache avant son abatage. Cette douille est la seule pièce restante du processus de destruction.

Les partisans du véganisme sont également en quête de nouveaux aliments en adéquation avec leurs convictions. Grâce à leurs qualités nutritionnelles, les algues peuvent constituer un apport supplémentaire au régime végan. Andi Wagner (1993), en collaboration avec Ina Turinsky (1993), crée *Nutrient Solution* (voir page 150), un projet de culture de micro-algues vertes comestibles. Un apport quotidien de salive et d'haleine, en combinaison avec de la lumière, vont permettre à ces algues de se développer dans leur chambre de culture. Ce projet met en évidence les sous-produits du corps humain, souvent perçus négativement, mais qui contiennent une gamme de substances utilisables. Le designer coréen Hyunseok An souhaite, quant à lui, ouvrir les mentalités sur la consommation des algues dans notre régime alimentaire. *The Coral* (voir pages 151-152) est une ferme de micro-algues d'intérieur, composée d'un bioréacteur mural et de différentes cellules de croissance. Le designer propose un rituel quotidien de consommation à travers des activités de culture à domicile. Outre les algues, qui font l'objet de beaucoup d'attention, les lichens offrent également un potentiel considérable comme future source de nutrition. Julia Schwarz (1993) imagine, avec *Unseen Edible* (voir pages 154-155), une société dans laquelle les lichens sont répandus et couramment utilisés. La food designer en conçoit les outils de récolte, les scénarios d'utilisation et les recettes de préparation.

Mais c'est véritablement dans le domaine de la viande végétale que les innovations sont les plus importantes. Pour Dan Altschuler Malek, responsable du fonds d'investissement New Corp Capital, ce qui se met en place est une nouvelle industrie qui va changer la face du monde : « En Chine ou en Inde, le pouvoir d'achat augmente et les gens veulent manger plus de bœuf, de porc ou de poulet. Mais notre planète ne va pas le supporter. On n'a pas assez de terres disponibles pour élever autant d'animaux [...] nous sommes à un moment où l'on a des technologies de plus en plus innovantes pour fabriquer de la nourriture. Il y a aussi une prise de conscience des gens. Il y a une nouvelle génération qui a des valeurs différentes de celles d'il y a vingt ou trente ans ». [2] Fondée en 2003, l'entreprise américaine de substituts de viande Beyond Meat a fait une entrée fracassante à Wall Street en mai 2019. Il s'agit de l'introduction en bourse la plus réussie depuis la crise de 2008. En Espagne, le bioingénieur italien Giuseppe Scionti et la start-up Novameat viennent de mettre au point le «premier bifteck au monde» sans viande. Imprimé en 3D, à base de protéines végétales, il imite, dans les moindres détails, la texture du bœuf. Depuis les travaux de Katja Gruijters en 1998 ou ceux de Marije Vogelzang, le food design trouve dans la viande alternative un nouveau terrain à explorer. Avec son projet *Sausage of the Future* [voir page 153], Carolien Niebling [1984] s'est associée à un chef de la gastronomie moléculaire et à un maître boucher pour étudier les techniques de production de la saucisse. Conçue à l'origine pour tirer le meilleur parti des protéines animales, la food designer l'imagine comme l'enveloppe idéale pour un nouveau type d'alimentation à base de légumineuses, de noix ou d'insectes. Sous la forme d'une métaphore, la saucisse représente notre recherche actuelle d'une alternative à la surconsommation de viande.

2 — Envoyé spécial- Un monde sans viande ?, magazine d'information, Vincent Manniez et Stéphane Gillot, France 2, diffusion 07/11/2019, 112min.

## 3.3 L'écoresponsable

Depuis 1995, année de la publication de *The Green Imperative* par le designer Victor Papanek (1923-1998), la question de la durabilité prend tout son sens dans les domaines de la conception. Le profil d'un mangeur écoresponsable devient une évidence dans notre société actuelle. Inquiété par le réchauffement climatique, le gaspillage alimentaire, l'empreinte carbone du transport des aliments ou la quantité des emballages alimentaires, le mangeur du XXIe siècle se tourne vers une consommation plus éthique et locale. Grâce au design, cette dimension locale doit devenir une opportunité en tant que lieu physique, espace de relations et instance sociale. Le food design analyse le territoire d'origine du produit et son contexte dans une approche centrée sur l'humain et la communauté. L'utilisation du toit des immeubles pour la culture, les fermes verticales ou les cultures hydroponiques dans d'anciens tunnels du métro londonien sont autant de solutions créatives pour réduire les transports et maximiser la culture et l'élevage de proximité. *Floating Farm* (voir page 157) est un projet imaginé par Peter et Minke van Wingerden et réalisé par le studio d'architecture Goldsmith. Il montre une nouvelle façon de ramener l'agriculture dans la ville, en créant des fermes flottantes de quarante vaches laitières, situées dans le port Rotterdam. Conçue dans une logique circulaire, la ferme génère sa propre électricité à partir de panneaux solaires flottants et fournit de l'eau douce grâce à un système intégré de collecte et de purification des eaux de pluie. Les vaches sont nourries avec de l'herbe provenant de la tonte de terrains alentours et de déchets alimentaires. Leur fumier est utilisé pour créer un engrais naturel et la production de lait est distribuée localement dans la région de Rotterdam. En parallèle à ces initiatives locales, certaines fermes, notamment au Japon, tentent d'automatiser et de robotiser complètement toutes les étapes de production, y compris la gestion ou la comptabilité. Ce nouveau développement pose bien sûr des questions de confiance et d'éthique. Pour les designers Arvid Jens (1988) et Marie Caye (1992), ce possible changement dans le paysage agricole est l'occasion de mettre en œuvre de nouveaux idéaux dans nos systèmes de production. *S.A.M (The Symbiotic Autonomus Machine)* (voir page 156) est le résultat d'une recherche sur l'automatisation de la production alimentaire. Cette machine hybride, à la fois technologique et organique, gère toutes les étapes de la fabrication et de la distribution de Kombucha. En tant qu'entité économique, la machine produit à prix coûtant au-delà de toutes notions de profit, voire de cupidité. *S.A.M* pose la question du cadre juridique et soulève le débat dans le futur développement de ce type de technologie, entre l'homme et la machine.

Les food designers se sont également investis dans la réduction des emballages et la réutilisation de déchets alimentaires. Le projet *A Peel* (voir page 158) d'Alkesh Parmar (1984) se concentre sur la création de nouveaux matériaux durables et biodégradables, dérivés de déchets alimentaires. Pour le designer, les épluchures (sous-produit de la fabrication de jus de fruits et de salades de fruits) sont devenues un problème environnemental majeur. La plupart sont utilisées pour l'alimentation du bétail et peuvent être toxiques pour les animaux d'élevage. Avec les restes non comestibles d'oranges et de citrons, le designer crée un nouveau matériau ferme et résistant, lui permettant de fabriquer des objets. Le designer Julian Lechner (1985) va, quant à lui, orienter son travail sur la réutilisation du marc de café. En récupérant les déchets provenant de cafés et de torréfacteurs berlinois, le designer fabrique un matériau durable et robuste, lui permettant de créer une gamme de tasses à café (voir page 158). De son côté, la designer polonaise Rosa Janusz s'est centrée sur la conception d'un emballage alimentaire complètement biodégradable. *SCOBY* (voir page 159) est tissé par un processus biologique qui transforme les biodéchets en biomatériaux. Il pousse en même temps que les aliments et les protège. Ce packaging est une sorte de peau naturelle, créée à partir de matières organiques à la suite d'un processus de fermentation. Cette forme de cellulose possède des caractéristiques uniques qui ne nécessitent pas l'ajout de combustibles fossiles et d'autres substances non biodégradables et toxiques.

## 3.4   Le gourmand

Et le goût dans tout ça ? La gourmandise est un moteur pour le food design et l'industrie alimentaire. Cette dernière a bien compris l'importance des qualités organoleptiques d'un produit sur son succès commercial. Des food designers comme Stéphane Bureaux, Marc Bretillot ou Germain Bourré ont toujours considéré le goût comme un facteur déterminant au cœur de leurs expériences. Selon les recherches neurologiques menées par Charles Spence, des éléments tels que la couleur, la forme, le son, la température et les textures peuvent être utilisés pour intensifier, influencer ou créer des illusions de goût. En se basant sur ces conclusions, la designer Laila Snevele (1992) s'interroge sur la perception et la compréhension gustatives dans un monde numérique. Elle part du principe que regarder une expression faciale sur un écran peut susciter de l'empathie et changer notre propre expérience de la nourriture. Par exemple, en regardant quelqu'un qui mange du citron, nous savons que la nourriture va être acide. Dans *Digital Seasoning* (voir pages 162-163), elle crée cinq numérisations visuelles de goûts (sucré, salé, amer, acide, umami) en combinant l'empathie envers la matière et la couleur avec la sensation générale du goût. En effet, notre esprit crée des attentes gustatives bien avant que les aliments n'atteignent la bouche. La designer imagine pouvoir suggérer le goût et ainsi réduire les quantités de sel, de sucre ou d'acide citrique dans les aliments transformés. Cette simulation gustative rendrait notre nourriture plus saine dans une possible ère numérique alimentaire. Une vision partagée par la designer Erika Marthins (1992) qui a imaginé trois desserts interactifs, chacun animé par la technologie et « augmenté » avec des données permettant d'étendre l'expérience alimentaire au-delà du seul goût et de la texture. *Déguster l'augmenté* (voir pages 160-161) présente un vinyle en chocolat, un dessert robotique en gélatine et une sucette qui réfracte la lumière pour révéler un message caché. En incorporant la lumière, le son et le mouvement, la designer remet en question notre perception de la nourriture.

Cette conception multi-sensorielle du repas et de la nourriture est un thème souvent abordé par les food designers. Avec *Candy,* sa collection de cuillères sensitives (voir page 165), Jinhyun Jeon (1982) démontre que la texture et la forme des couverts peuvent changer notre perception du goût. Nous associons la douceur aux formes rondes et l'amertume aux formes angulaires. Rae Kuo (1990), quant à elle, crée un ensemble d'outils émotionnels pour manger mais aussi pour explorer la bouche (voir page 164).

L'objectif est d'enrichir l'expérience culinaire, en associant à ses couverts expérimentaux des émotions comme la peur, l'ennui ou la sensualité. Il est important de souligner ici que le rôle du food design n'est pas de dessiner de la vaisselle ou des couverts. La discipline s'éloigne du domaine traditionnel des arts de la table dans le sens où elle crée des outils de dégustation ou de transformation de l'aliment dans un but créatif et non simplement décoratif. C'est dans cette démarche que le designer Aldo Bakker (1971) a repensé complètement les formes et les usages de sa collection d'objets de table (voir page 166). Avec sa carafe d'eau, l'utilisateur doit être attentif au son et au poids de l'objet pour savoir quand il doit arrêter de le remplir. Cette recherche sur l'utilisabilité des ustensiles dans un repas est également le centre du projet *Designer's Table* (voir page 167). En créant un ensemble d'objets de dégustation, l'objectif du projet est de développer de nouvelles expériences dans les restaurants et dans notre gestuelle alimentaire. Le concept développé par le designer Raphael Lutz (1984) pose un dialogue entre l'utilisateur et son repas. Lors de dîners expérimentaux où les objets sont testés en situation réelle, le designer suisse met en avant le lien entre la gastronomie, le design d'accessoires et l'expérience de la nourriture. Bien qu'elle puisse paraître plus légère que d'autres sujets comme l'écoresponsabilité ou la culture de viande cellulaire, la gourmandise et sa compréhension sont des sujets déterminants pour le futur de notre système alimentaire. Tous les moyens mis en place pour la satisfaire ou en améliorer l'expérience sont autant de pistes de réflexion pour les recherches dans le food design.

**Johanna Schmeer**
*Bioplastic Fantastic*, 2014

© photo Johanna Schmeer

Le projet est basé sur une percée scientifique récente dans la synthèse de cellules « biologiques » fonctionnelles à base de polymères et d'enzymes. Ces « dispositifs biologiques » produisent toute la nourriture et l'énergie nécessaires à la survie des humains grâce à la photosynthèse artificielle. Ils produisent de l'eau, des vitamines, des fibres, du sucre, des graisses, des protéines et des minéraux grâce à des processus biologiques, permettant un mode de vie plus autosuffisant.

The project is the application of a recent scientific breakthrough in functional, "biological" cell synthesis based on polymers and enzymes. These "biological mechanisms" produce all the food and energy required for humans to survive by means of artificial photosynthesis. They produce water, vitamins, fibres, sugar, fats, proteins and minerals using biological processes, thereby enabling a more self-sufficient way of life.

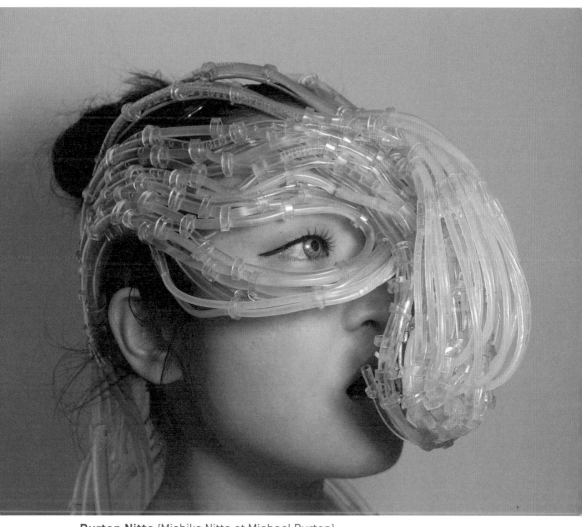

**Burton Nitta** (Michiko Nitta et Michael Burton)
*Algaculture*, 2010
© photo Burton Nitta

**Marti Guixé**
*Digital Food - Food Revolution 5.0,*
Museum für Kunst und Gewerbe Hamburg, 2017 © photo Inga Knölke

Ce projet spéculatif repose sur un système d'alimentation qui permet un contrôle complet, approfondi et personnalisé de la création d'objets alimentaires. Ce contrôle s'exerce sur les quatre domaines de fabrication des aliments numériques : nutrition, principes actifs, fabrication et gastronomie.

This futuristic project is based on a food system which enables complete, in-depth, customised control in the creation of food objects. The four fields involved in manufacturing digital foods are harnessed: nutrition, active principles, production and gastronomy.

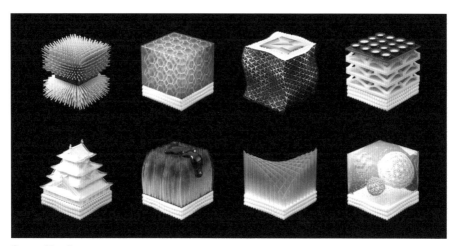

**Open Meals**
*Sushi Singularity*, 2019 © Open Meals

**Chloé Rutzerveld,**
*Edible Growth*, 2014
© photo Chloé Rutzerveld
Food Designer

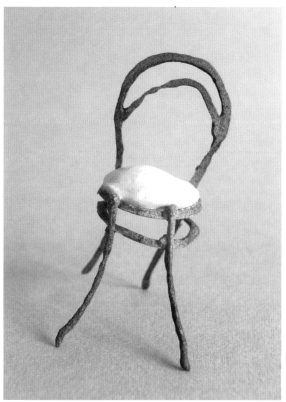

**Mathilde Nakken**
*Make food not chair*, IT, 2015
© photo Mathilde Nakken

**Stéphane Bureaux**

*TCC1*, 2010

© photo S. Bureaux

Un bioréacteur est utilisé dans lequel est renouvelé plusieurs fois le milieu de culture. On pilote ainsi le devenir des cellules pour obtenir un accroissement sphérique de strates de différentes couches cellulaires. Ce procédé permet d'éviter d'avoir à vasculariser pour créer de la matière en masse. Du type de tissu cellulaire développé dépendra le «goût» de la sucette.

A bioreactor is used in which the culture medium is renewed several times. We are therefore able to pilot the creation of cells to obtain a spherical growth that is built up in several layers. This procedure makes it possible to avoid having to vascularise the meat when creating a mass of cells. The "flavour" of the lollipop will depend on the type of cell tissue developed.

**Next Nature Network**
*Bistro in Vitro*, 2015
© photo Next Nature Network
& Submarine Channel

**Next Nature Network**
*Bistro in Vitro*, 2015

© photo Next Nature Network
& Submarine Channel

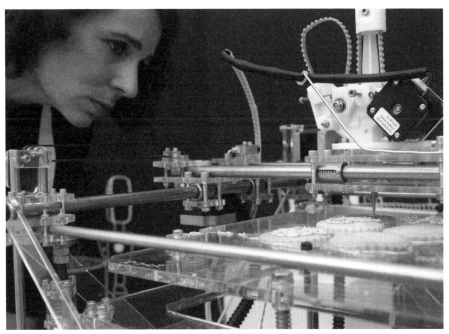

**Susana Soares,**
*Insects au gratin*, 2011

(ph: Insect Eggs)

© photo Susana Soares
& Amélie Fontaine

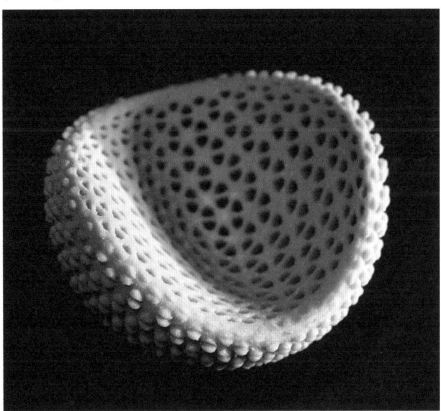

**Chloé Rutzerveld**
*Broiler Insects*, 2019
© photo Chloé Rutzerveld Food Designer

2019

2030

-------->

**Andi Wagner & Ina Turinsky**
*Nutrient Solution*, 2017
© photo Andi Wagner & Ina Turinsky

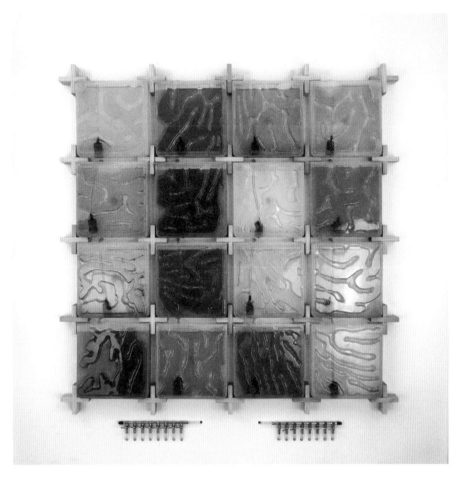

**Hyunseok An**
*The Coral*, 2019
© photo Hyunseok An

Chaque cellule de culture contient environ 2 grammes d'algues, la quantité journalière recommandée. Les 16 cellules de la ferme permettent de cultiver et de manger des algues tous les jours car une cellule a un cycle bihebdomadaire pour se régénérer après la récolte.

Each growing cell contains approximately 2 grammes of algae, the recommended daily intake. The 16 cells in the farm enable the user to grow and eat algae every day, as a cell has a fortnightly regeneration cycle after it has been harvested.

Hyunseok An, *The Coral*, 2019
© photo Hyunseok An

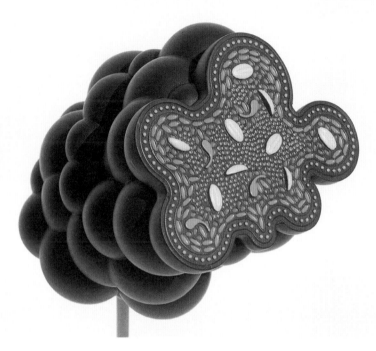

**Carolien Niebeling**
*The Sausage of the future*, 2017
Research project supported by ECAL and published by Lars Müller Publishers.
© photo Younès Klouche

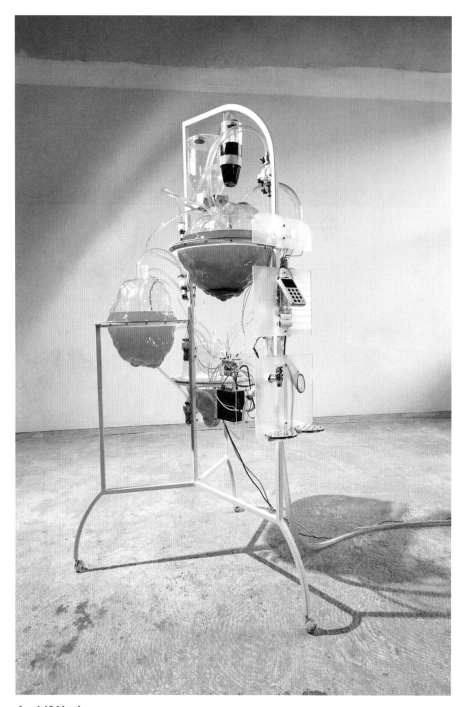

**Arvid&Marie**
*S.A.M - The Symbiotic Autonomus Machine*, 2017

© Arvid&Marie courtesy of Design Academy Eindhoven

**Goldsmith Company**
*Floating farm*, 2019

© Goldsmith.Company, photo : Ruben Dario Kleimeer

**Julian Lechner**
*Kaffeform*, 2019
© photo Luke Marshall Johnson

**Alkesh Parmar**
*A peel* ,2011
© Studio ARP -Alejandro Olaya

**Roza Janusz - MakeGrowlab**
*Scoby*, 2018
© photo MakeGrowlab

**Erika Marthins/ECAL**
*Lumière Sucrée – Déguster l'augmenté*, 2017
© photo Younes Klouche/ECAL

Une sucette utilise des lumières externes pour réfracter un message caché contenu à l'intérieur. Fabriqué avec la technologie de mise en forme de la lumière Rayform en collaboration avec Rayform et le chef Fabien Pairon (EHL).

A lollipop uses external light to refract a hidden message contained within it. Made with the light-shaping technology Rayform, in collaboration with Rayform and the chef Fabien Pairon (EHL).

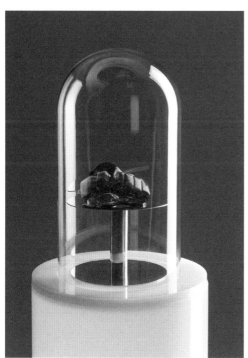

**Erika Marthins/ECAL**
*Dessert à l'Air – Déguster l'augmenté*, 2017
© photo Younes Klouche/ECAL

Les desserts animés sont créés à l'aide de robots comestibles, les bonbons du futur. Il s'agit d'une collaboration avec le Dr Jun Shintake, Laboratoire des systèmes intelligents (EPFL) et le chef Fabien Pairon, École hôtelière de Lausanne.

Animated desserts, created using edible robots, are the sweets of the future. They result from a collaboration with Dr. Jun Shintake, Laboratory of Intelligent Systems (EPFL) and the chef Fabien Pairon, Lausanne Hotel School.

**Erika Marthins/ECAL**
*Mange Disque – Déguster l'augmenté*, 2017
© photo Younes Klouche/ECAL

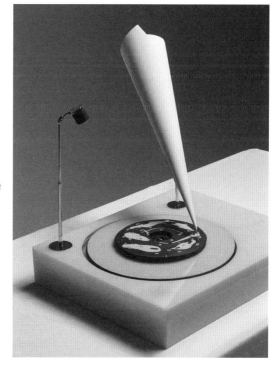

Les disques de chocolat nous permettent non seulement d'entendre, mais aussi de goûter le son. En collaboration avec le chef Fabien Pairon et le chef Julien Boutonnet, École hôtelière de Lausanne.

Chocolate records enable us not only to hear but also to taste sound. In collaboration with the chefs Fabien Pairon and Julien Boutonnet, Lausanne Hotel School.

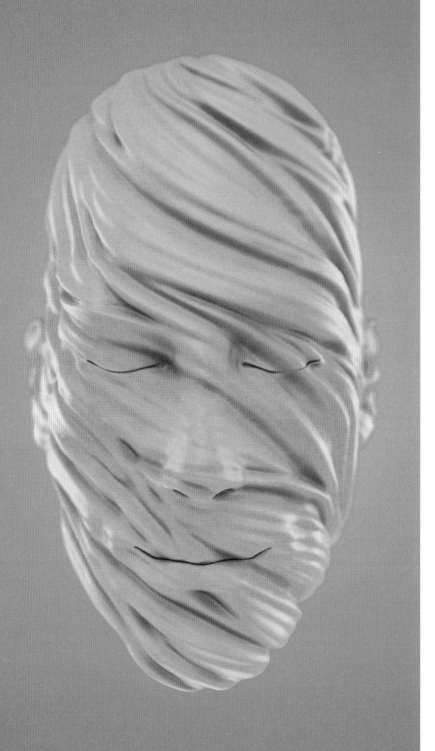

**Laila Snevele**
*Digital Seasoning*, 2018
© Laila Snevele

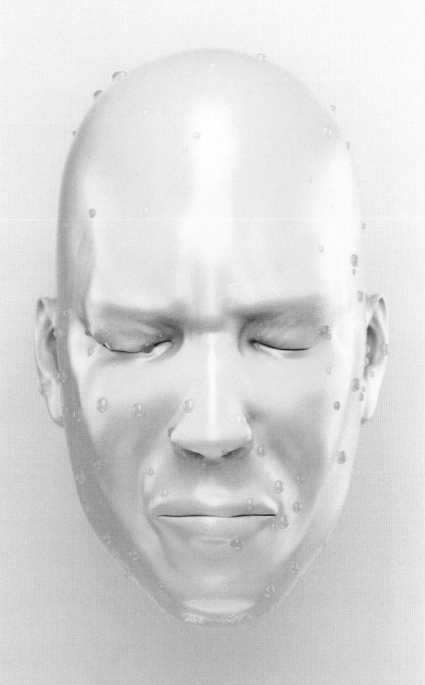

**Rae Kuo**
*Emome*, 2017
© photo Rae Bei-Han Kuo

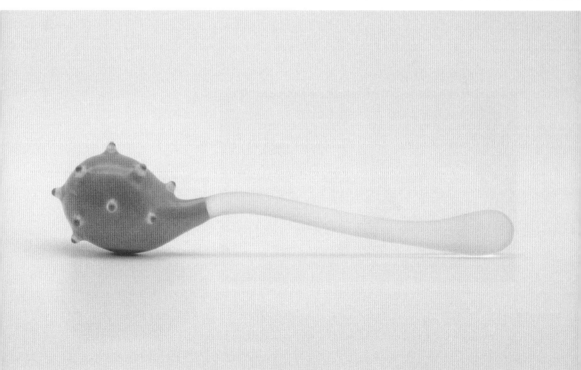

**Jinhyun Jeon**  CV Collection, 2012-20
*Sensory Dessert Spoon*  CV Coral, 2012-20
© 2019 Stimuli

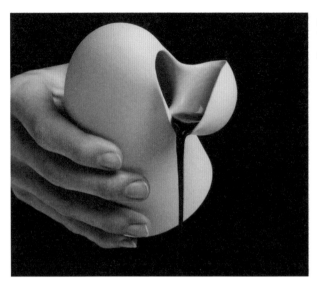

**Aldo Bakker**
*Vinegar flask*
© photo Erik & Petra Hesmerg

La fiole de vinaigre a un bec caractéristique. Comme la bouche d'un animal, elle dépasse de l'ouverture du flacon. Une dose appropriée de vinaigre est versée dans ce petit réservoir. Ensuite, en inclinant le ballon sur le côté, il peut être réparti sur le plat.

The vinegar flask has a characteristic lip. It protrudes from the opening of the flask rather like an animal's mouth. A dose of vinegar is poured into this little reservoir. Then by tilting the globe to one side, the vinegar can be sprinkled on the food.

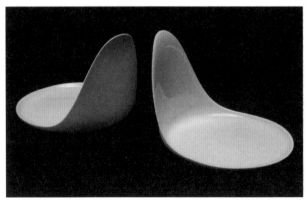

**Aldo Bakker**
*Oil platter*
© photo Erik & Petra Hesmerg

Le plateau d'huile a une surface élevée d'un côté. Cela permet aux utilisateurs de presser le pain et l'huile contre cette surface. Tout excès d'huile retombera dans la soucoupe. Une légère élévation au cœur de la soucoupe distribue l'huile au bord extérieur.

The oil platter has a raised surface on one side. This enables users to press the bread and oil against this surface. Any excess oil falls back into the saucer. A slight elevation in the middle of the saucer directs the oil towards the edge.

**Raphael Lutz**
*Designer's Table*, 2019

© photo Studio Raphaël Lutz

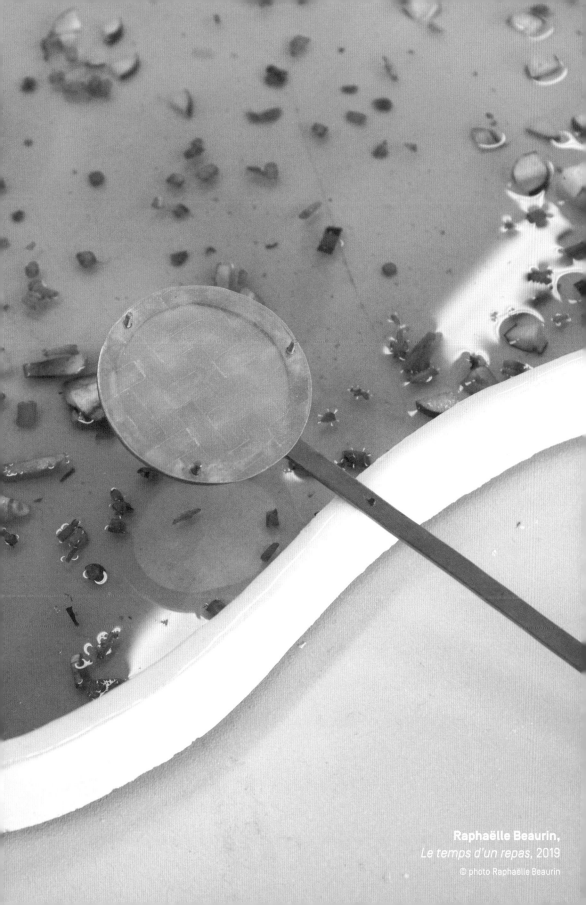

Raphaëlle Beaurin,
*Le temps d'un repas*, 2019
© photo Raphaëlle Beaurin

**Hugo Meert**
*Throwing Sculptures*, 2012
© photo Jacques Vandenberg

# 3

EVOLUTION OF FOOD DESIGN:
THE SERIAL EATER

Over the past ten years, growing awareness among the general public about the environmental impact of our consumption has impacted the food sector. Food design, which has been flourishing since the 2000s, has been shaped by these new investigations and debates. The projects and proposals of designers have evolved in line with our concerns related to health, food security, agricultural supply chains and the origins of our food. Design undoubtedly accompanies as much as it drives change. The food sector has also adapted to historic, cultural, economic and political change as well as to technological developments. A new generation of designers has encapsulated these upheavals in their visionary, innovative projects. A more conceptual, technological alternative for our food is brewing on the horizon of our future meals.

Michiko Nitta (1978) and Michael Burton (1977) study alternative methods of nourishing our bodies. The *Algaculture* project (see page 141) examines a new, symbiotic relationship between man and algae. The two designers envisage a future in which humans will be "enhanced" and fed by algae living inside new body organs. This system enables us to be semi-photosynthetic and create food by means of light, just like plants. Biotechnology and nanotechnology could also become part of our daily lives in the future. Johanna Schmeer's (1989) futuristic project *Bioplastic Fantastic* (see page 140) aims to open up the debate on their applications in food. Schmeer has created edible products made from bioplastics enriched with enzymes. She highlights formal design opportunities for these new types of food materials. The absence of the natural sensuality and enjoyment of traditional foods is replaced by the creation of artificial sensuality. For MartÌGuixé, the food object resulting from food design has found an ideal partner in technology, notably in 3D printing. *Digital Food* (see page 142) is the culmination of a personal project on edible objects which the pioneer of the discipline began in the mid-1990s. This digital food project is based on an algorithm that analyses the eater's personal data, to create a product whose personalised nutritional values are independent from its taste, colour, texture and shape. This vision of personalised food is also shared by the Japanese start-up Open Meals. The business aims to create 3D-printed sushis by analysing the saliva, urine and stools of its customers. In this way, each food product is customised to the eater's needs. *Sushi Singularity* (see page 142) is structured around the digitisation of ingredients. Using their internet connection, they will be able to create, share and print edible products online. Open Meals even envisages opening a restaurant in the future called Sushi Singularity Tokyo, where a system of robotic arms, 3D printers and chefs will compose the menus. In this respect, we are very close to the imaginary works by the Italian futurists in the early 20th century, who imagined feeding the population via the radio, broadcasting nutrition and food over the airwaves. With the increasing number of edible high-tech products and new production methods, consumers are increasingly concerned about the quality and origin of foods. Nowadays, in several areas of our society, a certain dilemma has been created between a return to more natural, authentic products and this frantic craze for technology at all costs. In the food sector, consumers are demonstrating a clear tendency towards organic, locally-sourced products and at the same time, we are seeing the emergence of a future laboratory-grown meat industry. Chloé Rutzerveld's (1992) project could be a middle ground between these two visions of the world. The food designer proposes an entirely natural, healthy, sustainable high-tech food, which is made possible through the combination of natural growth, technology and design. *Edible Growth* (see page 143) involves the

3D printing of organisms in a reusable greenhouse. After printing the edible product, the eater places the greenhouse in the sun and the plants and fungi it contains reach maturity through photosynthesis. The product's flavour and olfactory intensity increase as it matures, which is also reflected in its changing appearance. The consumer chooses when to harvest it according to their taste.

The objective of food design is therefore to reconsider the overall experience of food, by establishing new limits and a new relationship between the eater and food. Already proposed by the pioneers of the discipline, the need to apply "design thinking" to our food system is becoming self-evident in our current society. In 2015, at the Salone del Mobile in Milan, Mathilde Nakken (1994) sent out a rallying cry *"Make food not chair!"* (see page 143). Creating one hundred iconic chairs with bread dough, the food designer denounced the current production and consumption system. Do we really need a 101st chair to sit down? With this statement, Nakken highlighted the importance for design to take an interest in social issues such as what we eat. Beyond the aesthetic gesture, it has to seriously consider our current and future food habits. Food designers have a crucial part to play in reshaping our way of understanding and using food. The way in which we perceive our food is indicative of our representation of humanity. In other words, the food of the future will be the image of the human of tomorrow. As Thierry de Beaumont points out in *Design culinaire : le manifeste*: "The eater is an evolving species".[1] The 21st century is seeing the confirmation of a series of consumer trends and profiles, such as the environmentally-responsible or vegan eater, in total opposition to the contemporary carnivore. Such visions sometimes appear irreconcilable in our contemporary society. In a circumscribed world in which a rational, reasoned vision of our food prevails, the love of food seems to be well and truly turning back into a deadly sin. Yet the pleasure of eating and the social dimension of the meal are fundamental elements in our development as serial eaters.

---

**1** — École Supérieure d'Art et de Design, Design culinaire: le manifeste (contributors: Marc Bretillot & Thierry de Beaumont), ESAD, Reims, 2004

# 3.1   The carnivore

The meat-eater is feeling guilty. In the space of a few years, our contemporary society has called into question millions of years of carnivorism. According to the United Nations Food and Agriculture Organisation, livestock farming alone accounts for more CO2 than driving cars. The environmental footprint of the meat sector is catastrophic, be it in terms of water, its use of arable farmland to grow animal feed or its greenhouse gas emissions. With an estimated world population of nine billion people in thirty years' time, it will be impossible to maintain our meat production and consumption. Furthermore, the question of animal welfare in intensive animal farming is an increasingly hotly-debated social issue, both in the media and around the meal table. Laboratory-grown meat seems to provide an alternative. Predicted in 1894 by the French chemist Pierre-Eugène-Marcellin Berthelot (1827-1907), we had to wait until 2013 for the Dutch pharmacologist Mark Post (1957) to make it happen in the form of the first cultured meat hamburger. This new technology offers an ideal route for food design reflection. In 2010, Stéphane Bureaux presented *TCC1* [see page 144], a futuristic project that involved growing a meatball on a stick. However, it raised a fundamental question: would you accept to eat meat that had been grown in a laboratory? In consumers' minds, in vitro meat is considered to be a product of inferior quality to so-called "real" meat, as it is artificial and technological. In a documentary (2015) by Koert van Mensvoort (1974), Next Nature Network and Submarine Channel decided to explore this new food culture emanating from substitute meat. The project is based on the establishment of a *Bistro in Vitro* [see pages 145-146], a fictitious restaurant which serves a series of dishes and recipes created with laboratory meat. The project attempts to reflect on the ethics and aesthetics of a potential new food culture by exploring the opinions of scientists, famous chefs and food critics.

In their research into alternatives to meat consumption, certain food designers have explored the nutritional and environmental aspects of using insects in our daily food. They contain a similar level of proteins to that of meat, but their farming requires less water, less food and less space. However, such a diet is culturally difficult to adopt in our western world. The *Insects au gratin* project [see page 147] by Susana Soares (1977) studies the possibility of using a 3D-printed thread of insect paste to create new foods. Its use would make it possible to create new food shapes and to overcome the "distaste" that insects may provoke in our culture. The use of insect paste as a food material could be a sustainable food solution to deal with world population growth. Chloé Rutzerveld (1992) envisages a future in which worms, crickets and cicadas form an integral part of our daily diet. With their well-known nutritive value, they would also be appreciated both for their unique flavour and their culinary application. In this idyllic future, the food designer raises the question of hypothetical human intervention to improve the size, flavour or texture of insects. As man has done with pigs and chickens, would he also be tempted to genetically modify this new source of protein?

# 3.2 The vegan

In the light of the recent increased awareness about our production and consumption habits, certain eaters are becoming more radical. Vegans refuse to use products of animal origin or which involve the use of animals (food, leather and wool, or medicines and beauty products that have been tested on animals). More than just dietary, veganism is a way of life that focuses on the defence of animals. With her *0.9 Grams of Brass* (see page 108) project, Adelaide Lala Tam (1993) aims to make consumers aware of the value of a cow's life in the meat industry. In a critical vision of our modern relationship with food, the food designer creates a machine that sells brass paperclips. Each paperclip is made using *0.9 grammes of brass*, the same amount that is found in the bullet used to stun a cow before it is slaughtered. This cartridge is the only item that remains of the destruction process.

Advocates of veganism are also searching for new foods consistent with their convictions. Owing to their nutritional qualities, algae can provide an additional supplement to the vegan diet. Andi Wagner (1993) working with Ina Turinsky (1993) created *Nutrient Solution* (see page 150), a project to grow edible green micro-algae. A daily supplement of saliva and breath, combined with light, enables these algae to develop in their growing chambers. This project highlights the bi-products of the human body, often perceived as negative, but which contain a range of useable substances. The Korean designer Hyunseok An is hoping to broaden people's minds to the introduction of algae into our diet. *The Coral* (see pages 151-152) is an indoor micro-algae farm, consisting of a wall-mounted bioreactor and various growing cells. The designer proposes a daily eating ritual by way of domestic farming activity. Apart from algae, which receive a great deal of attention, lichen also offer significant potential as a future source of nutrition. With her project *Unseen Edible* (see pages 154-155), Julia Schwarz (1993) envisages a society in which lichen are widespread and regularly used. The food designer has devised tools for harvesting them, scenarios for using them and recipes for their preparation.

The most significant innovations however are in fact taking place in the field of vegetable meat. For Dan Altschuler Malek, investment fund manager at New Corp Capital, a new industry is effectively being established that is going to change the face of the world: "In China or India, purchasing power is increasing and people want to eat more beef, pork or chicken. But our planet is not going to be able to sustain it. We do not have enough land available to raise that many animals [...]. We have reached a point where we have increasingly innovative technologies to make food. There is also an awareness among people. The new generation has different values from people twenty or thirty years ago."[2] Established in 2003, the American meat substitute company Beyond Meat made a sensational entry onto Wall Street in May 2019. It was the most successful stock-market floatation since the 2008 financial crisis. In Spain, the Italian bioengineer Giuseppe Scionti and the start-up Novameat have just developed the "first steak in the world" with no meat. 3D-printed with vegetable proteins, it imitates the texture of beef down to the last detail. Since the work of Katja Gruijters in 1998 or of Marije Vogelzang, food design has found a new field for exploration in alternative meat. With her project *Sausage of the Future* [see page 153], Carolien Niebling (1984) worked with a molecular gastronomy chef and a master butcher to study sausage production techniques. Originally designed to make the most of animal proteins, the food designer regards sausages as the ideal means of packaging a new type of food, based on pulses, nuts or insects. Metaphorically, the sausage represents our current research for an alternative to excessive meat consumption.

---

2 — Envoyé spécial - Un monde sans viande ?, information programme, Vincent Manniez and Stéphane Gillot, France 2, broadcast on 07/11/2019, 112 min.

# 3.3 The environmentally-responsible

Since 1995, the year when the designer Victor Papanek (1923-1998) published *The Green Imperative*, the question of sustainability has become a burning issue in all fields of design. The profile of an environmentally-responsible eater has become self-evident in our current society. Concerned about climate change, food waste, the carbon footprint of food transport and the quantity of packaging used for food, the 21st century eater is turning towards more ethical and local consumption. From a design perspective, this local dimension has to be turned into an opportunity in terms of a physical location, a space to build relations and a social body. Food design analyses the product's place of origin and its context in an approach that focuses on human beings and the community. The use of the roofs of apartment blocks to grow food, vertical farms or hydroponic cultivation in disused London underground tunnels are also creative solutions to reduce transportation and maximise locally-grown food and livestock farming. *Floating Farm* (see page 157) is a project devised by Peter and Minke van Wingerden that was undertaken by the Goldsmith architecture studio. It shows a new way of bringing agriculture into the city, by creating floating farms with some forty dairy cows, in the port of Rotterdam. Designed with a cyclical logic, the farm generates its own electricity using floating solar panels and is supplied with drinking water by means of an integrated system to collect and purify rainwater. The cows are fed with grass cuttings from surrounding areas of land and food waste. Their manure is used to create natural fertiliser and the milk production is distributed locally in the Rotterdam region. Alongside such local initiatives, certain farms, notably in Japan, are attempting to completely automate and robotise all the production stages, including the management and accountancy. Of course this new development raises issues around trust and ethics. For the designers Arvid Jens (1988) and Marie Caye (1992), this potential change in the agricultural landscape provides an opportunity to introduce new ideals into our production systems. *S.A.M (The Symbiotic Autonomous Machine)* (see page 156) is the result of research into the automation of food production. The hybrid machine, both technological and organic, manages all the stages of production and distribution of Kombucha. As an economic entity, the machine produces at cost price, beyond any notion of profit let alone greed. *S.A.M* poses the question of the legal framework and opens the debate about the future development of this type of technology, between man and machine.

Food designers have also become involved in the reduction of packaging and reuse of food waste. The project *A Peel* (see page 158) by Alkesh Parmar (1984) focuses on the creation of new, sustainable, biodegradable materials resulting from food waste. For the designer, fruit peel (a by-product of making fruit juice and fruit salads) has become a major environmental problem. Most of it is used to feed livestock and can be toxic for farm animals. Therefore with the inedible leftovers of oranges and lemons, the designer has created a new, rigid, resistant material that can be used to produce objects. The designer Julian Lechner (1985) has directed his efforts into reusing coffee grounds. By retrieving waste from cafés and coffee roasters in Berlin, the designer produces a sustainable, strong material that enables him to create a range of coffee cups (see page 158). The Polish designer Rosa Janusz has focused on designing completely biodegradable food packaging. *SCOBY* (see page 159) is woven using a biological process that transforms biowaste and biomaterials. It grows with the food and protects it at the same time. This packaging is a sort of natural skin, created from organic matter following a fermentation process. This form of cellulose has unique properties and does not require the use of fossil fuels or other non-biodegradable, toxic substances.

# 3.4  The Food-Lover

And what about taste in all of this? The enjoyment of food is a driving force behind food design and the food industry. This industry has fully taken onboard the importance of organoleptic qualities in a product's commercial success. Food designers such as Stéphane Bureaux, Marc Bretillot and Germain Bourré have always considered flavour to be a determining factor that is central to their experiments. According to neurological research undertaken by Charles Spence, such elements as colour, shape, sound, temperature and textures can be used to intensify, influence or create illusions of taste. Based on these conclusions, the designer Laila Snevele (1992) questions perception and the understanding of flavour in a digital world. She starts from the principle that looking at a facial expression on a screen can arouse empathy and change our own experience of food. For example, by looking at someone who is eating a lemon, we know that the food is going to be acidic. In *Digital Seasoning* (see pages 162-163), she creates five visual digital representations of taste (sweet, salty, bitter, sour, umami) by combining empathy towards the material and colour with the general sensation of taste. Our mind actually creates expectations of taste before the food reaches our mouths. The designer imagines being able to suggest the taste and thus reduce the quantities of salt, sugar or citric acid in processed foods. This flavour simulation could thus make our food healthier, in some future digital food age. It is a vision shared by the designer Erika Marthins (1992), who has devised three interactive desserts, each of which is animated by technology and "augmented" with data, making it possible to broaden the food experience beyond simply taste and texture. *Déguster l'augmenté* (see pages 160-161) presents a chocolate vinyl record, a robotic dessert made from gelatine and a lollipop that refracts the light to reveal a hidden message. By incorporating light, sound and movement, the designer questions our perception of food.

The multi-sensorial conception of meals and food is a theme that is often considered by food designers. With *Candy* [see page 165], a collection of sensitive spoons, Jinhyun Jeon [1982] demonstrates that the texture and shape of cutlery can change our perception of flavour. We associate sweetness with round shapes and bitterness with angular forms. Rae Kuo [1990] has created a series of emotional implements to eat but also explore eating [see page 164]. Her objective is to enhance the culinary experience by associating her experimental cutlery with emotions such as fear, boredom or sensuality. It is important to emphasise here that the role of food design is not to design tableware or cutlery.

The discipline is distanced from the traditional culinary arts in the sense that it develops utensils for tasting or transforming the food in a creative rather than simply a decorative manner. In this approach the designer Aldo Bakker [1971] completely reworked the shapes and usages of his collection of objects for the table [see page 166]. With his water jug, the user has to be attentive to the sound and weight of the object to know when they have to stop filling it. This research into the usability of utensils during a meal is also central to the *Designer's Table* project [see page 167]. By creating a series of tasting objects, the project's aim is to develop new experiences in restaurants and in our eating habits. The concept developed by the designer Raphael Lutz [1984] generates a dialogue between the user and his meal. During experimental dinners, where the objects are tested in a real-life situation, the Swiss designer highlights the connection between gastronomy, design accessories and the experience of food. Although it may seem more superficial than other subjects such as environmental responsibility or cultivated meat, the enjoyment and understanding of food are crucial aspects of our future food system. All the means we have established to satisfy or enhance the experience of eating also provide paths for reflection in food design.

CONCLUSION

« Le design est une façon de concevoir la vie. C'est une façon de concevoir la société, la politique, l'érotisme, la nourriture, et même le design. Au bout du compte, c'est une utopie figurative ou une métaphore sur la vie. Assurément, le design, pour moi, ne se limite pas à la nécessité de donner forme à un produit plus ou moins stupide pour une industrie plus ou moins raffinée. Si l'on veut dispenser un enseignement quelconque sur le design, le premier des enseignements à donner porte sur la vie et l'on doit insister en expliquant que la technologie est l'une des métaphores de la vie. »

Ettore Sottsass (1917-2007)[1]

1 — Catalogue de l'exposition du 25 avril au 5 septembre 1994, Musée National d'Arts Modernes de Paris, MNAM/CCI, 1994, in Marie-Haude Caraes, Françoise Coeur, *Enseigner le design ? : de l'idée à l'exercice,* Lyon, Cité du design Scérén CRDP de l'académie de Lyon, 2010, p. 9.

Que peut nous apprendre l'analyse de vingt-cinq années de recherches et d'expérimentations entre design et alimentation ? Les premiers projets vont se focaliser sur les qualités techniques, plastiques ou structurelles de l'aliment comme matériau. Un processus calqué sur celui du design industriel, noyau historique de la discipline, mais qui se concentre ici sur l'objet comestible. Pourtant, le food design est avant toute chose une approche culturelle de la nourriture, de sa production à sa consommation en passant par sa mise en scène. La discipline englobe toutes les valeurs traditionnelles et cérémoniales du repas ainsi que les règles et les interdictions liées à ce que nous mangeons. Cette charge culturelle est présente dès les premiers projets de food design : une réflexion sur le pain traditionnel catalan développée par Martí Guixé ou la réinterprétation de classiques de la pâtisserie française pour Marc Bretillot et Stéphane Bureaux. La culture culinaire du pays va donc influencer fortement les premières réflexions sur l'objet comestible. Une culture du produit pour l'Espagne, une gastronomie traditionnelle pour la France et une certaine culture adoptive et ouverte au monde pour la Hollande qui lui permettra de se forger une approche plus spéculative de la nourriture. En effet, deux tendances dans le food design vont se développer parallèlement : un design culinaire français qui donnera une certaine importance au goût et à la cuisine dans ses propositions et une vision plus conceptuelle pour Martí Guixé (Espagne) ou Marije Vogelzang (Hollande).

Historiquement, les humains ont constamment révolutionné leur nourriture. Le feu, l'agriculture, la congélation ou la production de masse sont autant de transformations dans nos habitudes alimentaires. Cependant, une vision critique des activités industrielles et de la production agro-alimentaire s'est installée. Comment concilier la mécanisation et la technologie avec la naturalité et l'authenticité d'un produit comestible ? Aujourd'hui les projets développés par les food designers sont calqués sur nos prises de conscience, nos peurs et nos interrogations sur l'alimentation. Une industrie de la viande alternative (végétale, d'insectes ou de culture cellulaire) est en train de se mettre en place dans le nouveau paysage alimentaire du XXIe siècle. Elle est le reflet d'un *serial eater* en proie à la culpabilité et à la pertinence de ses choix alimentaires. Bien entendu, même si le design accompagne le changement autant qu'il le provoque, il ne peut pas résoudre tous les problèmes. Il peut, cependant, apporter une réflexion précieuse à chaque étape du processus de production et de distribution de notre future alimentation. Nous vivons actuellement dans un monde hautement technologique, à l'image de celui imaginé par les futuristes italiens au début du XXe siècle. Le concept d'une nourriture numérisée et personnalisée se profile comme une des prochaines transformations de nos habitudes culinaires. La nourriture de demain sera conçue à l'image de l'homme de demain, c'est-à-dire connectée et technologique. Si l'homme est ce qu'il mange, alors le choix nous appartient de définir quels types de mangeurs nous voulons devenir.

"Design is one way to discuss life. It is a way to discuss society, politics, eroticism, food and even design. Lastly, it is a way to build a possible figurative utopia or to build a metaphor of life. Of course, for me, design is not limited to the need to lend more or less form to a stupid product destined for a more or less sophisticated industry. If you have to teach anything about design, it should be, above all, something about life, and you should stress this point, explaining that technology is a metaphor for life."

Ettore Sottsass (1917-2007)[1]

1 — Catalogue for the exhibition from 25 April to 5 September 1994, Paris Museum of Modern Art, MNAM/CCI, 1994, in Marie-Haude Caraes, Françoise Coeur, *Enseigner le design ? : de l'idée à l'exercice,* Lyon, Cité du design Scérén CRDP de l'académie de Lyon, 2010, p. 9.

What can we learn from an analysis of twenty-five years of research and experimentation between design and food? The first projects would focus on the technical, plastic or structural qualities of foods as materials. A process based on that of industrial design, the historic core of this discipline, but here homing in on the edible. However, food design is first and foremost a cultural approach to food, from its production to its consumption, not forgetting its presentation. This discipline encompasses all of the traditional and ceremonial values of a meal, as well as the rules stipulating the rights and wrongs surrounding what we eat. This cultural aspect appears in the very first food design projects: an analysis of traditional Catalan bread developed by Martí Guixé or the reinterpretation of classic French patisserie by Marc Bretillot and Stéphane Bureaux. A country's culinary culture would thus have a significant influence on initial thought processes surrounding the edible. A product-based culture for Spain, traditional gastronomy for France, and an adoptive culture, embracing the rest of the world for the Netherlands, providing an opportunity to nurture a more speculative approach to food. In fact, two trends would develop in parallel: French culinary design that would give certain weight to flavour and cuisine, and a more conceptual vision for Martí Guixé (Spain) or Marije Vogelzang (the Netherlands).

Historically, humans have constantly revolutionised their food. Fire, agriculture, freezing and mass production are some of the many changes introduced to our dietary habits. However, a critical perspective on industrial processes and agri-food production has established itself. How can we reconcile automation and technology with the naturalness and authenticity of food? Today, the projects being worked on by food designers are based on our awareness, our fears and our questions about food. An industry of meat alternatives (plant-based, insects, cultured) is establishing itself in the new 21st century food landscape. This is a reflection of the serial eater, beset by guilt and the relevance of his or her food choices. Of course even if design accompanies change as much as it triggers it, it cannot solve every problem. It can however offer a valuable perspective on each stage of the production and distribution of our future food. We are currently living in a high-tech world, just like the one dreamt up by Italian futurists at the beginning of the 20th century. The concept of digital, customised food is taking shape as one of the next changes to our culinary habits. The food of the future will be designed in the image of the human of the future, in other words it will be switched on and technological. If humans are what they eat, then it is up to us to define what kind of eaters we want to become.

POINTS DE VUE

POINTS OF VIEW

## Plus c'est pareil, plus c'est différent.
## Le changement est dans l'assiette.

**Olivier Wathelet, anthropologue (Users Matter)**

Le changement est une constante des pratiques alimentaires. Pourtant, anthropologue de formation, nous avons plutôt tendance à privilégier un autre regard : celui des traditions, du patrimoine à sauvegarder et de la labélisation de l'authentique. À cette fonction sociale de créer du lien et de transmettre, s'ajoutent des mécanismes psychologiques de mieux en mieux connus, concernant la formation des préférences alimentaires élaborées sur la base d'une mémoire intime et familiale, et dont les premières années de la vie seraient une étape décisive. La capacité d'exploration du mangeur, si elle peut être cultivée, apparaît aujourd'hui comme un enjeu de société tant elle ferait défaut d'ordinaire. Les industriels du secteur agro-alimentaire le disent régulièrement : il est difficile d'innover dans ce domaine tant les mangeurs sont attachés à leurs patrimoines.

Or, lorsque nous entrons dans les cuisines et les salles à manger de nos contemporains lors d'enquêtes de terrain, principalement en Europe, que nous montons en voiture avec eux à l'heure du dîner ou que nous empruntons des chemins de randonnées en leur compagnie, et que nous mangeons, cuisinons, partageons ou encore transportons de la nourriture, nous devons constater une formidable présence du futur dans leurs façons de faire. Tout d'abord sous la forme d'une volonté de changement vers des consommations jugées plus saines ou plus vertueuses. Manger moins, manger mieux, plus sainement ou avec moins « d'impact », tous ou presque nous disent « *j'aimerais... mais je n'y arrive pas* ». Désirer manger autrement, et autre chose que ce qui est donné à consommer quotidiennement, semble un premier trait partagé au sein des cultures alimentaires contemporaines. Non sans présenter un premier paradoxe : il alimente le souhait de manger « comme avant », la tradition apparaissant comme une garantie plus forte que les labels et applications numériques dédiées.

### Dynamiques du changement culinaire

Le désir de changement et le souhait de transformation sont également au cœur du choix alimentaire quotidien. Créer un repas ordinaire nécessite de combiner praticité et familiarité. Un « bon plat » doit être accepté par les mangeurs et être suffisamment maîtrisé pour être réalisable dans un temps contraint. Mais il doit également répondre à un besoin de nouveauté, de découverte, créer un moment d'exploration, même minimale. L'innovation ordinaire prend ainsi volontiers la forme de « pas de côté » vis-à-vis de plats connus afin de combiner ces deux contraintes.

La tradition alimentaire, familiale notamment, est modelée comme une forme de permanence dans le changement. En témoignent les « classiques familiaux » de la saison passée momentanément oubliés puis « redécouverts », l'emprunt d'innovations acquises lors d'un repas entre amis, recopiées en fusionnant avec ses propres recettes quelques semaines plus tard ou plus simplement les combinaisons opérées au sein d'un « répertoire » personnel afin de gérer ces pas de côté. Ces formes vont enrichir ce capital dormant de possibles culinaires qui seront réinvestis dans un ou deux ans, tout en s'adaptant au goût du jour [Julien 2019]. C'est ainsi que sans qu'ils en aient nécessairement conscience, les mangeurs évoluent constamment dans leurs goûts et pratiques.

Cela s'observe clairement à l'échelle des âges de la vie. Plusieurs moments de transformations plus intenses sont bien identifiés. Sans être exhaustif, nous pouvons pointer d'abord l'exploration culinaire guidée dans la petite enfance, devant faire face à une inévitable phase de néophobie alimentaire [Dupuy 2013]. Il y a ce moment d'intenses exploration et créativité à l'adolescence qui se construit autour d'une forme plus ou moins appuyée de rejet des normes du bon goût [Moussaoui 2002]. Cette exploration des normes alimentaires passe par un décalage volontaire par rapport aux convictions des adultes, contribuant en dernier recours à leur reproduction [Diasio 2009]. On connaît aussi très bien cette phase de la formation des routines domestiques du couple qui produit certaines quêtes de retrouver ce qui n'aurait pas été transmis. Si elle semble contemporaine – l'absence de transmission étant un lieu commun des études sur les sociétés « post-modernes » - elle constitue en réalité une croyance ancienne comme en témoigne l'ethnographie d'Yvonne Verdier [1979] dont les témoignages, remontant au début du XXᵉ siècle, illustrent le rôle constructif des groupes de jeunes femmes d'une même génération pour « retrouver » les savoir-faire maternels. Car, peut-être plus significativement qu'à notre époque, les mères refusaient volontairement d'enseigner à leur fille certaines matières culinaires, invitant tacitement ces dernières à s'organiser pour reconstruire le savoir interdit. Ce mécanisme n'est pas sans évoquer celui des réseaux sociaux contemporains supposé pallier l'absence de transmission, de sorte qu'on puisse faire l'hypothèse qu'il constitue un levier de reproduction culturelle dans le domaine des savoir-faire culinaires très partagé, voire universel. Enfin, évoquons les jeunes parents qui réintroduisent les légumes dans leur alimentation pour convaincre leurs jeunes enfants de leur caractère agréable, les seniors qui redécouvrent le plaisir de certains plats qu'ils avaient éliminés de leur répertoire en raison des contraintes gustatives imposées par leurs enfants, ou encore, chez les seniors isolés, leur lutte face à l'agueusie, la perte de désir de se faire soi-même à manger une fois son compagnon décédé. Pour le dire simplement, le mangeur est sans cesse pris dans des dynamiques de changement l'invitant à réviser sa pratique alimentaire tout au long de la vie.

Le changement culinaire répond enfin aux pratiques de l'industrie agro-alimentaire et à son désir de créer des tendances et d'offrir des nouveautés culinaires. Sur le terrain, on constate que les mangeurs inventent et partagent des tactiques pour ruser contre l'offre de consommation qu'ils peuvent juger trop « attractive » mais aussi, parfois, contre eux-mêmes afin de ne pas « succomber ». Consommateurs malins (Desjeux et Clochard 2013) mais aussi cuisiniers habiles, ils travaillent à limiter leurs propres choix, en rusant avec leur appétit, en substituant un ingrédient par un autre, en simulant un plat, en modifiant l'heure ou le lieu du repas afin de ne pas être piégés par la « séduction » d'une offre jugée trop gourmande, en invitant des amis pour manger moins par la force de la commensalité, bref, ils démontrent une volonté de lutter contre leurs propres « pulsions » comme si soi-même était un autre avec qui il fallait composer.

La rencontre de ces deux mécanismes – une transformation par paliers des pratiques alimentaires en lien avec des enjeux sociaux partagés et une attitude réflexive face aux « désirs » alimentaires - permet partiellement de comprendre pourquoi, face à la nouveauté culinaire portée par l'industrie, qu'il s'agisse de nouvelles manières de manger ou de faire à manger, les réactions des mangeurs ne sont pas nécessairement enthousiastes.

**Conditions de la transformation des pratiques culinaires**

Pourquoi, dès lors, cette difficulté à projeter l'avenir alimentaire autrement que comme une forme de « retour » vers un « paradis alimentaire perdu » dont nous avons parlé au début de ce texte ? D'abord, parce que ces changements que nous avons exposés rapidement sont le fruit de glissements peu visibles. Parce qu'ils agissent progressivement, au gré des réalisations culinaires et des plats consommés. Enfin parce qu'ils ont leur propre force, qu'ils dépendent de nos infrastructures alimentaires et qu'ils s'appuient sur des mécanismes psychologiques de construction du désirable, raisons pour lesquelles le changement mobilise tant le registre discursif de l'effort.

Pourtant, parfois, des motivations socialement partagées engagent de nouvelles voies, comme en témoigne la créativité qui accompagne aujourd'hui les pratiques ré-émergentes du « zéro déchet » ou de la « consommation locale ». On peut alors parler de transformation sociale en devenir. En devenir car, sans une mutation des infrastructures (circuit de distribution et de circulation de l'alimentation, une gestion adaptée des déchets ménagers de tout type, révision des chaînages entre pratiques alimentaires et autres déplacements du quotidien, etc.), l'effort pour le changement restera vraisemblablement un frein trop important pour une grande partie des mangeurs, comme cela s'observe dans d'autres domaines de consommation (par ex. le passage à une société « zéro carbone » qui lie l'usage des véhicules à l'habitat péri-urbain, aux vacances estivales, aux supermarchés de banlieue, etc., voir l'analyse de John Urry, 2013)

Le design culinaire, pour trouver sa place dans les usages ou suggérer de nouvelles pratiques, ne peut employer que très subtilement la force de la séduction qui est celle des tendances auto-reproduites du marché alimentaire. Par contre, il a le potentiel de jouer un rôle de levier de transformation lorsqu'il accompagne l'effort inhérent au changement désiré. Pour cela, il doit souvent, dans un premier temps, être mis en œuvre hors des circuits de consommation classique, auprès d'usagers plus volontaires que d'autres. Pour faire effet, il doit donc ruser avec son usager, s'inscrire dans des petites niches où il peut tester ses leviers, tromper l'envie pour réaliser l'enjeu désiré, découvrir son infrastructure opérante, et enfin chercher à se déployer.

Un design alimentaire sans réflexion sur les moyens de prendre place dans ces interstices répétitifs des pratiques alimentaires ne sera pas un objet de transformation des cultures alimentaires. Au mieux, il fera tendance en rendant plus acceptable un concept « à la mode », c'est-à-dire un concept dont les différents acteurs du domaine agro-alimentaire vont progressivement créer des copies entre eux pour ne pas « louper la tendance ». La presse spécialisée analysera ce phénomène comme l'expression du désir des consommateurs alors qu'il s'agit, en premier lieu, d'une transformation mimétique des offreurs de produits dans leur manière de définir leurs potentiels clients. Et un an plus tard, la tendance se sera essoufflée.

Un troisième facteur est donc nécessaire pour comprendre ce paradoxe apparent entre la permanence du changement et la difficulté de faire changer les façons de manger. C'est la part des imaginaires qui contraignent et alimentent la capacité à générer des visions alternatives à celles ayant cours aujourd'hui. Car, au-delà des glissements peu perceptibles qui accompagnent la transformation des mangeurs tout au long de leur vie, les mutations alimentaires s'appuient sur une définition renouvelée d'un avenir préférable. Ce travail de projection ne va pas de soi. Pratiquement, il repose sur l'identification d'un mal-être, d'un risque ou d'un défaut de qualité qui invite d'abord à accepter l'idée d'une possible alternative, et ensuite à en construire les contours. Le travail porte donc autant sur le contenu que sur la capacité à créer des imaginaires.

En termes de contenu, d'abord, le mangeur occidental contemporain est pris dans une dynamique paradoxale au premier abord : celle de prôner une diversification des références du bon goût qui tend aujourd'hui à brouiller, en apparence du moins, les frontières sociales pour combiner le populaire et le bourgeois, le classique avec les avant-gardes. C'est ce qu'ont clairement montré les sociologues canadiens Josée Johnston et Shyon Baumann (2016) en étudiant l'émergence de mangeurs particuliers, les *foodies*. Ceux-ci prônent le mélange des genres et l'éclectisme comme moyen de briser les codes culinaires. C'est le petit *frichti* réalisé à l'aide de produits de terroirs finement choisis, les barquettes de crevettes grises obligatoirement dégustées avec une mayonnaise maison, ou encore le plat en sauce revisité façon Food-Truck, uniquement réalisé avec des ingrédients issus de fermes produisant à moins de 50 km du lieu de consommation.

Or, expliquent les sociologues, cette créativité combinatoire masque en réalité de profonds clivages entre ceux qui disposent du répertoire culinaire capable de distinguer, puis de mélanger les styles, et ceux qui n'en sont pas dotés. Derrière l'égalité et l'ouverture prônée dans le discours, apparaissent en réalité de profonds jugements de valeurs qui divisent et stigmatisent ceux qui ne sont pas en capacité, ou dans le désir, de naviguer librement entre ces différents répertoires culinaires. Le design culinaire qui se réclame de cet éclectisme peut ainsi rapidement prendre des airs faussement démocratiques. Ce constat vaut également pour les mouvements de « consommation éthique » -ou cette capacité à « bien manger » tout en combinant une volonté de produire de l'éclectisme culinaire- renforce les frontières de classes sociales et apparaît, en dernier recours, comme un objet de différentiation et de jugement confondant le désir et la possibilité de changer (Kennedy & al. 2018). Plus encore que dans le cas d'autres domaines artistiques, le jugement de goût a une force terrible car incarnée, physique, renvoyant dans les cordes du médiocre celui qui n'est pas capable d'apprécier. À ce titre, on peut donc se demander si une plus grande diversité culinaire doit passer par de l'éclectisme créatif, ou par une meilleure capacité à valoriser la diversité déjà là, sans pour autant chercher à la métisser ou à la combiner à d'autres. Exercice délicat que de prendre au sérieux la pluralité des manières de manger et de cuisiner tout en construisant un futur préférable pour le mangeur, autrement dit en évitant de prôner l'éducation au (bon) goût – ce piège qui attribue à certains le privilège de savoir et aux autres le défaut de ne pas bien manger.

### La capacité à l'aspiration comme enjeu du design culinaire

La seconde dimension de notre problématique, la capacité, présente selon nous un potentiel plus riche. Celle de favoriser la capacité à imaginer un avenir différent de celui qui est communément accepté. L'anthropologue indo-américain Arjun Appaduraï a montré récemment qu'il s'agissait d'une compétence culturelle très inégalement distribuée elle aussi. Il nomme « capacité à l'aspiration » la possibilité d'imaginer des futurs crédibles (2013). Sans celle-ci, aucune transformation du monde n'est possible. Il n'existe pas non plus de moyen de s'organiser pour proposer une alternative à sa condition et, ensuite, identifier les moyens pour mettre en œuvre ces voix différentes. Sans celle-ci enfin, le mangeur reste prisonnier de la dynamique longue, forte, mais peu maîtrisée et souvent imposée par les conditions sociales et économiques et l'infrastructure agro-alimentaire aussi, des changements quotidiens.

Cette difficulté à se projeter est présente au cœur de nos sociétés. En l'absence d'enquête systématique à ce sujet, nous ne pouvons que faire quelques hypothèses. Certains faits sont troublants. Le taux d'échec des innovations dans le domaine culinaire est très important. On annonce régulièrement entre 80 et 85 % des produits du secteur agro-alimentaire qui disparaissent des rayons en moins d'un an. Pourtant, dans ce domaine comme dans d'autres, l'industrie agro-alimentaire n'est pas avare de moyens pour étudier et comprendre les « besoins » des mangeurs, démarches d'enquêtes auxquels nous participons. Il est dès lors intéressant de comprendre ce qui se passe lorsque les mangeurs sont invités à appréhender ces nouveautés culinaires dans une démarche d'innovation [Wathelet 2018], formes industrielles du design culinaire dont il est question dans cette exposition. C'est précisément un domaine dans lequel nous intervenons comme consultant. Ainsi, lors d'enquêtes menées en France sur de nouvelles manières de manger à l'aide de technologies « de pointe », nous rencontrons des mangeurs dont certains sont choisis précisément en fonction de leur goût de la découverte culinaire et de leur bienveillance a priori face à de nouvelles technologies. Or, pour ces mangeurs plutôt explorateurs, l'avenir culinaire n'est pas un territoire vierge.

*Quand on voit que la nourriture est transformée de la sorte, je suis sceptique sur le produit final. En même temps, je trouve ça dommage, mais on y va. C'est une technologie qui, je pense, a de l'avenir, et qui dans bien longtemps sera commune, je pense. Mais je ne demande vraiment qu'à goûter,* explique l'un de ces usagers, à qui nous demandons de manipuler tel nouvel appareil de préparation culinaire à la technologie très singulière.

Ainsi, le sentiment dominant est à la fois celui d'une crainte importante vis-à-vis du futur ainsi présenté, d'une sorte d'assujettissement à ce qui apparaît comme une transformation inévitable.

*Je n'aime pas du tout le concept, ce n'est pas moi. Mais je pense qu'avec l'évolution de l'humanité, on y va, on y sera. Donc, bon, goûtons voir ce que ça donne,* précise un autre usager.

De quelle capacité à l'aspiration s'agit-il, chez ces mangeurs parmi les plus ouverts à la possibilité d'un changement ? D'une capacité à accepter la transformation ou à chercher à se l'approprier, et non d'une capacité à définir une alternative à ce qui est proposé. Le dispositif d'enquête que nous mettons en place dans ce type de mission en tant que consultant anthropologue pour le compte d'acteurs du domaine agro-alimentaire est pourtant ouvert : entretien semi directif, manipulation non guidée de maquette, observation des usages sans intervention de notre part, manipulation de jeux projectifs. Ce cadre est beaucoup plus ouvert que ne l'est le système de choix quotidiens où tout refus de consommation se marque d'un coût important : celui de devoir transformer parfois radicalement ses routines pour consommer autrement. Dans l'enquête, la mise en scène de prototypes, leur manipulation, le contexte de la rencontre au domicile des potentiels usagers que nous recrutons dans nos enquêtes, tout dans cet exercice de simulation de futurs possibles met la personne en capacité de refuser ce choix et d'exprimer une alternative. Or, malgré un rejet parfois très clair, leur capacité à l'aspiration les invite à rendre acceptables ces propositions comme s'il s'agissait de formes d'évidences pour un avenir proche.

### Jusqu'où peut-on imaginer manger autrement ? Le détour de la science-fiction

En répondant de la sorte, les mangeurs que nous côtoyons lors de nos différentes missions activent des imaginaires issus de la culture populaire, c'est-à-dire films de science-fiction, romans, publicités, comics, pulps, etc. Prendre au sérieux ce qu'ils disent des futurs de l'alimentation apparaît dès lors comme un exercice pertinent pour appréhender notre compétence à l'aspiration.

En première analyse, on peut tout d'abord montrer dans le domaine alimentaire ce qui a été bien observé dans d'autres : la science-fiction fait remonter à la surface les tabous fondamentaux. Cela s'observe clairement au regard des différentes formes de dégoût lié à l'altérité – ou pourquoi les aliens tendent à manger de manière que nous jugerions, audience « occidentale », peu naturelle [Cooke 1987, Csicsery-Ronan 2002]. À une échelle plus fine, on peut aussi montrer de quelle façon les spécificités historiques conditionnent la manière de projeter le futur de l'alimentation. Le fait que la science-fiction chinoise offre des exemples de planification radicale de l'agriculture n'est peut-être pas étranger aux expérimentations communistes des années 1950 et 1960 [Li 2018]. Explorer les dystopies alimentaires exprimées dans la science-fiction offre à ce titre un premier moyen de mettre à plat les frontières de l'acceptable de chaque époque et de chaque société. Ce faisant, elles rendent lisibles certaines conséquences des technologies auxquelles la recherche et l'industrie agro-alimentaires travaillent parfois depuis parfois plusieurs décennies.

Autre exemple : l'impression d'aliments en direct, aujourd'hui explorée par les procédés dits « 3D ». Elle est une solution à maintes reprises testée pour prendre en charge les enjeux d'approvisionnement de mondes surpeuplés ou de communautés isolées (en cas d'exploration spatiale de longue distance, à l'instar du *Replicator* de Star Trek inventé en 1966 avant d'être nommé de la sorte en 1987). Il est intéressant de noter que ces dispositifs « magiques » - il n'est que très rarement question d'approvisionnement en matière première – posent autant de problématiques d'usage – par exemple ne pas arriver à se faire comprendre au risque de recevoir le mauvais plat (dans Star Trek toujours) – que d'inspiration, à l'instar d'une mémorable séquence du *Guide du Voyageur intergalactique*, 2005. En dernier recours, à quoi sert une machine capable de créer une variété infinie de menus lorsque le choix se reporte sur les plats les plus familiers (un problème exprimé dès 1933 dans *Unto Us a Child is Born* de Keller) ? C'est un enjeu qui traverse la littérature de science-fiction au travers des restaurants automatisés qui servent à la demande, alors qu'en parallèle, une cuisine « humaine » est préservée pour une élite (voir notamment le roman *Cantata 140* de Dick, en 1964).

Comme tout procédé technique, le risque est dans l'excès, qu'il s'agisse de saturer le monde de produits en abondance, jusqu'à littéralement l'étouffer comme dans l'amusante nouvelle de Fritz Leiber, *Brad Overhead* (1957), ou encore d'en épuiser les ressources, comme l'écrit Ray Bradbury dans *Here there the Tygers* (1951).

À l'inverse de ces situations d'abondance, dangereuses à maîtriser, la privation est largement décrite dans ces imaginaires dystopiques. Lorsque la ressource est limitée, elle devient un enjeu économique et géopolitique majeur, à l'instar des guerres en vue de capter le patrimoine génétique des végétaux, décrites très finement par Paolo Bacigulapi dans son roman *La fille automate* (2012). La science-fiction explore alors les limites du mangeable, en trouvant sa matière première dans toutes sortes de sources iconoclastes, allant de la nourriture pour chiens (la scène d'ouverture de *Mad Max 2*, 1982, et sa variante avec un gekko dans le plus récent *Mad Max. Fury Road*, 2015), des insectes au ketchup (*Titan A.E.,* 2000), des rats (*Snowpiercer*, 2014), à la nourriture humaine (l'inénarrable *Soleil vert*, 1973 constituant certainement le paradigme de ce cannibalisme masqué). Notons que les insectes deviennent de plus en plus acceptables, comme en témoigne la lecture plus positive dans les plus récents *Otherness* de Brin (1994) et *Blade Runner 2049* (2017).

L'expression de la crainte face à l'innovation alimentaire est dans ce cas littérale. Elle illustre le défi d'une transformation du monde vers des conditions réduisant la capacité de choix alimentaire à de pures contraintes nutritionnelles et à un contrôle très intime des corps (Forster 2004, voir aussi le rôle de la nourriture normée dans la production de jumeaux élevés en tant que stocks d'organes vivants, dans *The Island*, 2005). La tension est d'autant plus claire qu'elle rencontre des enjeux contemporains, tels que les dispositifs de recyclage de l'eau corporelle destinée à la consommation personnelle, illustrés dans le roman *Dune* (1965) et dans une variante à l'intérieur du corps dans la bande dessinée *L'étoile noire* de Jimenez (1979).

Elle rejoint ainsi deux autres thèmes largement développés dans la science-fiction alimentaire : le cannibalisme d'une part (Alkon, 1996) et la consommation de repas « en pilules » d'autre part. Si le premier renvoie au tabou de l'anthropophagie (voir l'usage qui en est fait dans le film *La route*, 2009), le second interroge les risques de l'industrie agro-alimentaire, en particulier autour de l'idée, très ancienne, d'une viande de synthèse (développée dès 1952 dans *The Space Merchants* de Pohl & Kornbluth,), voire constituée de protéines végétales (*Time is the simplest thing*, Simak, 1961) ou encore dans des versions vivantes, mais élevées à la pièce. En 1962, Pipper développe l'idée d'une culture de tissus animaliers pour répondre aux besoins de tous. C'est ce même auteur qui invente la livraison de nourriture par drone sur les champs de bataille extra-terrestres dans *Space Viking*, en 1962. De manière assez intéressante, si on ne compte plus les représentations de pilules alimentaires de tout type (un exemple spectaculaire est *THX 1138* de Lucas, 1971), la première expression d'une alimentation de ce type est américaine (*Senator Daughter*, publié en 1879 par Mitchell) ; elle exprimait déjà une crainte face à l'appauvrissement de la qualité des plats. Elle ne constitue donc pas un horizon désirable pour une partie de l'humanité qui y aspirerait, mais représente depuis plus de cent ans des repoussoirs parmi les plus puissants de notre modernité alimentaire.

Ces deux sujets pointent également les enjeux de la confiance. Jusqu'où sommes-nous certains de ce que nous mangeons ? La science-fiction illustre ce point par des technologies de contrôle individualisées, à l'instar des tests à poisons utilisés par le duc Leto Atreïde dans *Dune*. Plus subtilement, ce sont aussi les dispositifs pour orienter, voire tromper, la perception du consommateur (l'amusante scène du restaurant de *Brazil*, 1985, lorsque des visuels alléchants accompagnent des plats peu reconnaissables), ou des dispositifs plus nuancés comme la surimpression holographique du plat dégusté par K dans *Blade Runner 2049* (2017) afin de l'ajuster à l'ambiance choisie au sein de son appartement). La capacité à composer un mix organoleptique parfait est ainsi une quête elle aussi très ancienne (le projet *Solace* de Noon & Boehm, 1998, s'y consacre intégralement, rappelant certains passages de *The Jetser* de Tenn, 1951).

### Scénarios invisibles et futurs préférables

« Nous avons éliminé la guerre et la faim, mais on n'a toujours pas de bon café à la machine à café » (*The Lathe of Heaven*, 1980)

Ces limites du modèle alimentaire de la science-fiction illustrent des craintes vis-à-vis d'un futur plausible, ou à tout le moins devenu vraisemblable à force d'être visionné. À l'instar des usagers rencontrés dans nos études, elles témoignent de formes d'attentes, orientations qui peuplent les imaginaires et rendent acceptables des dispositifs pourtant jugés problématiques du point de vue des valeurs.

Ce jeu paradoxal, mais qui reste encore à mieux comprendre, vis-à-vis une logique du pire qui tendrait paradoxalement à en rendre acceptable l'émergence, nous invite à nous attacher plus spécifiquement aux enjeux du préférable.

Si notre analyse est fondée, alors toute démarche de spéculation sur l'avenir se devrait de commencer par un exercice de purge des imaginaires, afin de se « nettoyer les yeux » vis-à-vis des visions dominantes. Et ainsi faire de ces exercices de spéculation un outil pour questionner les futurs alternatifs qu'ils ne montrent pas.

L'américain Curtis Marez a récemment montré le poids des implicites dans les projections d'avenir dans le domaine de l'agriculture (2016), en s'attachant aux représentations des travailleurs agricoles immigrés californiens. La robotique agricole largement plébiscitée par une partie du patronat local depuis les années 1930 apparaît autant comme un imaginaire d'industrialisation de leur domaine d'activité que comme un moyen de contrôler les aspirations au changement de conditions d'une population de travailleurs faiblement organisés. Le robot y est conçu de longue date comme une forme d'opérateur docile, jouant ainsi un rôle d'épouvantail contre toute volonté de contestation sociale. Le film mexicain *Sleep Dealer* (2008), illustrant un monde de fermes de travailleurs migrants opérant à distance via une combinaison d'implants et de robots commandés, est une réponse à cette « guerre » des imaginaires.

Ainsi, il apparaît que le design des futurs, loin de constituer un exercice intellectuel de spéculation sur ce qui pourrait arriver, enrichit ou limite la capacité des sociétés à spéculer librement, à faire projet, et donc à s'organiser pour réellement mettre en œuvre des choix d'avenir.

Le détour par la science-fiction que nous venons de rapidement emprunter illustre cela assez clairement : les réservoirs d'imaginaire que nous construisons au gré des œuvres, qu'elles soient populaires ou savantes, dessinent des lignes de force au-delà des discours qu'elles entendent porter. Le caractère relativement conservateur de la science-fiction en matière alimentaire doit nous interroger sur la capacité à créer et explorer des alternatives robustes.

Certaines pistes existent. D'abord, parce qu'au-delà des tendances fortes que nous avons dégagées plus haut – nous parlerons dans ce cas de lignées d'imaginaires dominantes (Minvielle & al. 2016) – il existe une réelle créativité dans le détail d'interactions surprenantes. Par exemple, les situations d'abondance illustrent des enjeux de rupture de saisonnalité et de transport sans limite de la nourriture. Que se passe-t-il dès lors lorsque ce transport autorise des combinaisons actuellement inimaginables (Johnson 2012) ? Le deuxième volume de la série du *Guide du voyageur galactique*, 1980 présente une hilarante scène de restaurant où la nourriture, encore vivante, cherche à se faire dévorer par les clients. Intéressante situation qu'une nourriture qui choisit son mangeur. Ou encore cette question posée par Anthony Boucher dans *Robnic* (1943) : que se passerait-il si les robots étaient équipés de capteurs pour leur permettre de percevoir les sensations gustatives avec la même acuité que l'humain ? Ces spéculations et bien d'autres ont le mérite de décentrer le regard au-delà des sujets qui font la « tendance » alimentaire et ont le pouvoir d'accompagner de nouvelles formes de spéculation.

Ensuite, et de manière plus fondamentale peut-être aussi, nous invitons à explorer les franges occidentales de cette littérature qui, par nature, est profondément ancrée dans une conception de l'avenir euro-américaine, technophile, issue de l'ingénierie, blanche (mais pas nécessairement aisée d'un point de vue économique, ce qui explique peut-être son penchant pour la contestation sociale). D'autres imaginaires spéculatifs existent pourtant, il est temps de les interroger. Or, à l'exception du mouvement afro-futuriste, qui possède une certaine audience en partie en raison de la vigueur politique des mouvements populaires qui le soutiennent (Womack 2013), les autres formes « d'indigeno-futurisme » sont encore très largement ignorées (Dillon 2016, Lempert 2014, Schultz 2018). Elles proposent pourtant des récits culinaires ancrés dans d'autres traditions, à l'instar du projet de la journaliste et activiste Andi Murphy. Intitulé *Imminent cuisine* (2019), ce petit volume est le fruit d'une expérimentation radiophonique explorant une dizaine de spéculations culinaires inscrites dans une conception amérindienne du monde. Cet exemple, et d'autres à ré-explorer (tel le rôle du chamanisme comme technologie de l'imaginaire basée sur une co-production collective d'imaginaires extra-sensoriels, voir Allen 1996, Stépanoff 2019), témoignent de la possibilité de concevoir des changements dans le domaine alimentaire qui ne soient pas un design de la reproduction d'une vision de l'avenir culinaire, mais des outils d'exploration et de création de diversité.

Ce texte est une invitation à prendre au sérieux la capacité à l'aspiration et à appliquer ce filtre analytique aux pratiques créatives, imaginatives et innovantes. Nous avons montré que la diversité des imaginaires ne va pas de soi et que la créativité peut s'avérer bien plus conservatrice qu'elle semble de prime abord. Nous avons partagé notre étonnement quant au rôle des projections d'avenir dans l'adoption de technologies pourtant jugées peu désirables par leurs futurs utilisateurs. Mais nous avons aussi partagé notre enthousiasme vis-à-vis de la diversité des imaginaires qui existent et se déploient aux marges ou en réaction à certaines visions conservatrices de nos futurs culinaires. Enfin, nous avons la conviction que le design culinaire est un acteur clé de ces enjeux, pour le meilleur et pour le pire.

## Bibliographie

— Allen, W. « Shamanic Manipulation of conspecifics. An analysis of the prehistoric and ethnohistory of hallucinogens and psychological legerdemain », in Westfahl, G., Slusser, G. & Rabkin, E. [dirs.], *Foods of the gods. Eating and the eaten in fantasy and science fiction*, Athens, University of Georgia Press, 1996. Pp. 39-55.

— Alkon, P. « Cannibalism in science fiction », in Westfahl, G., Slusser, G. & Rabkin, E. [dirs.], *Foods of the gods. Eeating and the eaten in fantasy and science fiction*, Athens, University of Georgia Press, 1996. Pp. 142-159.

— Appadurai, A. *Condition de l'homme global*, Paris, Payot, 2013.

— Cooke, L. B. « The Human Alien: In-Groups and Outbreeding in *Enemy Mine* », in Rabkin, E. & Slusser, G. [dirs.]. *Aliens. The anthropology of science-fiction,* Carbondale, Souther Illinois University Press, 1987. Pp. 190-191

— Csicsery-Ronan, I. « On the grotesque in science-fiction », *Science Fiction Studies*, 86, 2002. Pp. 71-99.

— Desjeux, D. & Clochard, F. [dirs.] *Le consommateur malin face à la crise*, Paris, L'Harmattan, 2013.

— Diasio, N. [dir.] *Alimentation adolescentes en France*, cahiers de l'OCHA, 14, 2009.

— Dillon, G. « Indigenous Futurisms, *Bimaashi Biidaas Mose*, *Flying* and *Walking towards You »,* Extrapolation,* 57, 2016. Pp. 1-6.

— Dupuy, A. *Plaisirs alimentaires, socialisation des enfants et des adolescents*, Tours, Presses Universitaires François-Rabelais, 2013.

— Forster, L. "Futuristic Foodways: the metaphorical meaning of food in science fiction film", in Bower, A. [dir.], *Reel food: Essays on food and film,* Londres, Routledge, 2004. Pp. 251-265.

— Johnson, M. « From farm to fable. Food, fantasy, and science-fiction », *Clarkesworld*, 65, édition de février, 2012.

— Johnston, J. & Baumann, S. *Foodies. Democracy and distinction in the gourmet foodscape*, Londres, Routledge, 2ème edition, 2016.

— Julien, M.-P. « Between constraint and innovation. The transformation of domestic food practice », in *Diasio*, N. & Julien, M.-P. [dirs.], *Anthropology of family food practices. Constraints, adjustments, innovation*, Bruxelles, Peter Lang, 2019. Pp. 8-43.

— Kennedy, E. H., Baumann, S. & Johnston, J. « Eating for taste and eating for change: Ethical consumption as a high-status practice », *Social Forces*, 98, 1 2018. Pp. 381-402.

— Lempert, W. « Decolonizing encounters of the third kind. Alternative futuring in native science-fiction film », *Visual anthropology review*, 30, 2, 2014. Pp. 164-176.

— Li, H. « The environment, humankind, and slow violence in Chinese science fiction »*, Communication and the public*, 3, 4, 2018. Pp. 270-282.

— Marez, C. *Farm worker futurism. Speculative technologies of resistance*, Mineapolis, University of Minesota Press, 2016.

— Minvielle, N., Wathelet, O. & Masson, A. *Jouer avec les futurs*, Paris, Pearson, 2016.

— Moussaoui, I. *Cuisine et indépendances. Jeunesse et alimentation*, Paris, L'Harmattan, 2002.

— Murphy, A. *Imminent Cuisine. Indigenous Food Futurisms*, Albuquerque, Tribal Print Source, 2019.

— Schultz, T. « Mapping Indigenous Futures. Decolonising Techno-Colonising Designs », *Strategic design research journal*, 11, 2, 2018. Pp. 79-91.

— Stépanoff, Ch. *Voyager dans l'invisible. Techniques chamaniques de l'imagination*, Paris, La Découverte, 2019.

— Urry, J. *Societies beyond oil*, Londres, Zed books, 2013.

— Verdier, Y. *Façons de dire, façons de faire*, Gallimard, Paris, 1979.

— Wathelet, O. « Usagers partout, individu nulle part ? Questionnements d'un anthropologue sur les pratiques de conception centrée utilisateur.», in Maire, V., Eudes, E. & Jolly, V. [dirs.], *Industries nouvelles et économie contributive. Le design, acteur de l'innovation sociale*, Paris, Loco, 2018. Pp. 85-98.

— Womack, Y. *Afrofuturism. The world of Black Sci-Fi and Fantasy culture*, Chicago, Chicago Review Press, 2013.

# The more things stay the same, the more they change. Change on a plate.

**Olivier Wathelet, anthropologist (Users Matter)**

Change is a permanent feature of food habits. However, as anthropologists by training, we tend to focus on another aspect: that of traditions, of a heritage to safeguard and of the status given to authenticity. Added to this social function creating links and passing on are increasingly well-known psychological mechanisms relating to the formation of food preferences based on private, family memories, where the first few years of life mark a decisive step. If the eater's capacity for exploration could be cultivated, it would seem to be have social consequences as it is so unusual. As industrial players in the agri-food business often say: it's hard to innovate in this area as eaters are so attached to their heritage.

So when we step into our contemporaries' kitchens and dining rooms while carrying out field surveys, mainly in Europe, or get into their car with them at dinner time, or go for a hike with them, and we eat, cook, share or transport food, we must be aware of the imposing presence of the future in the way they do things. Firstly in the form of a desire for change, moving towards habits regarded as healthier or more virtuous. Easting less, eating better, healthier, or with less "impact", almost all of us are saying "*I'd like to... but I can't*". The desire to eat differently, and to eat something different from what we are given to eat every day, seems to be one of the first characteristics that is shared within contemporary food cultures. But this brings us to our first paradox: it feeds into the desire to eat "like we used to", with tradition presenting itself as a stronger guarantee than labels and dedicated digital applications.

**The dynamics of culinary change**

A desire for change and yearning for transformation are also at the heart of our day-to-day food choices. Creating an ordinary meal demands a combination of practicality and familiarity. A "good meal" has to be accepted by the people eating it, and be controlled enough to be feasible in a limited time. But it also needs to respond to the demand for novelty, discovery, creating an opportunity for exploration, however nominal that may be. Ordinary innovation thus happily takes the form of a "sideways shift" from well-known dishes to combine these two restrictions.

Culinary traditions, and family traditions in particular, are modelled as a form of permanence within change. We can see this in last season's "family classics", which have temporarily been forgotten and then "rediscovered", or in the innovative ideas borrowed from a meal with friends, copied by merging them with our own recipes a few weeks later, or more simply in combinations created within our own personal "repertoire" to manage these sideways shifts. These forms will enrich the dormant resources represented by culinary possibilities that will be brought back in a year or two, adapted to suit current tastes (Julien 2019). So it is that, without necessarily being aware of it, the tastes and habits of eaters are constantly evolving.

This becomes clear as we look at different ages in life. Several periods of more intense transformation have been identified. While not exhaustive, we can start with the guided culinary exploration of early childhood, which inevitably includes a period of food neophobia (Dupuy 2013). There are these intense times of exploration and creativity during adolescence, to a greater or lesser extent based on the rejection of the norms of good taste (Moussaoui 2002). This exploration of food norms involves a voluntary shift away from adult convictions, ultimately contributing to their reproduction (Diasio 2009). We are also very aware of this phase during which a couple's domestic routines are formed, generating certain attempts to rediscover habits that have not been handed down to them. While this may appear to be a contemporary issue – the lack of handing things down is a common theme in studies on "post-modern" societies – it is actually an ancient belief, as discussed in Yvonne Verdier's ethnography (1979), whose source material dates back to the beginning of the 20th century and illustrates the constructive role of groups of young women in the same generation "rediscovering" maternal savoir-faire. Because, perhaps more significantly than in our times, mothers deliberately refused to teach their daughters certain culinary skills, tacitly inviting them to organise themselves to rebuild the forbidden knowledge. This process might remind us of contemporary social networks, assumed to compensate for the absence of this handing down, so that we might hypothesise that it is a driving force for cultural reproduction in the area of widely shared, even universal, culinary savoir-faire. Lastly, it is worth mentioning the young parents who reintroduce vegetables to their diet to convince their young children how delicious they are, the senior citizens who rediscover the pleasure of certain dishes that they had eliminated from their repertoire due to the taste restrictions imposed by their children, or the isolated elderly and their battle with losing their sense of taste and their diminished desire to cook for themselves once their other half has passed away. To put it simply, eaters are constantly caught up in the dynamics of change and invited to review their food habits throughout their lives.

Culinary change ultimately responds to the practices of the agri-food industry and its desire to create trends and offer culinary novelties. On the ground, we can see that eaters invent and share tactics to outwit what is on offer for consumption, which they might see as too "attractive", but also, sometimes, to outwit themselves so as not to "succumb". Canny consumers ("Consommateurs malins" - Desjeux and Clochard 2013) as well as accomplished cooks try to limit their own choices, by tricking their appetite, substituting one ingredient with another, faking a dish, changing the time or location of the meal so as not to be caught out by the "seduction" of something deemed too greedy, inviting friends over so as to be forced to eat less while in company. In short, they demonstrate their desire to fight against their own "urges" as though they were somebody else with whom they need to compromise.

Looking at these two mechanisms together – the evolution of dietary habits in stages, in conjunction with shared social issues, and a reflective attitude when faced with dietary "desires" – in part helps us understand why, when confronted with culinary novelties introduced by the industry, whether in terms of new ways to eat or to make people eat, eaters' reactions are not necessarily enthusiastic.

### Conditions for the transformation of culinary practices

So why is it difficult to envisage the future of food as anything other than a kind of "return" to the "dietary paradise lost" that we talked about at the beginning of this essay? Firstly, because these changes that we have summarised are the result of barely perceptible shifts. Because they take effect gradually, as culinary creations are put together and dishes are consumed. Lastly, because they have their own strength, they depend on our food infrastructures and they draw on psychological mechanisms to create the desirable. These are the reasons why change has such a mobilising effect on the discursive register of the effort involved.

Sometimes however, socially shared motivations branch off in new directions, as demonstrated by the creativity currently accompanying the re-emerging practices of "zero waste" and "local consumption". So we can talk about social transformation in the making. In the making because, without a change of infrastructure (distribution channel and food circulation network, adequate management of all kinds of household waste, review of the links between food practices and other day-to-day movements etc.), the effort needed to change will probably continue to be too big an obstacle for the majority of eaters, as can be seen in other areas of consumerism (for example the move towards a "zero-carbon" society, which links the use of vehicles to peri-urban homes, summer holidays, supermarkets in the suburbs etc., see the analysis by John Urry, 2013)

In order to find its place in people's habits or inspire new practices, culinary design only needs a subtle use of the power of seduction represented by trends that are self-perpetuated in the food market. However, it does have the potential to play a key role in the transformation when accompanied by the effort inherent in the desired change. To achieve this, to begin with it must often be employed outside traditional consumer channels, among the keener users. To be successful, it therefore needs to be a bit clever with users, work its way into little niches where it can test out its leverage and fool desire to achieve the desired outcome, find out what kind of infrastructure it needs to be effective, and lastly, attempt to become more widespread.

Food design that does not consider how to establish its place in these repetitive cracks in food habits will not contribute to the transformation of food cultures. At best, it will become a trend by making a "fashionable" concept more acceptable, in other words a concept where the different stakeholders in the agri-food industry will gradually create copies among each other so as not to "miss out on the trend". The trade press will analyse this phenomenon as the expression of consumers' desire, whereas first and foremost, it is a mimetic transformation of those offering products in their way of defining their potential customers. And a year later, the trend will have petered out.

So there is a third factor we need to look at to understand this apparent paradox between the permanence of change and how difficult people find it to change the way they eat. This factor is the imagination, which restricts and feeds into the capacity to generate alternative visions to those that currently prevail. Because beyond the barely susceptible shifts that accompany the evolution of eaters throughout their lives, dietary changes rely on an updated definition of a preferable future. This forecasting is not always self-evident. In practical terms, it is based on the identification of an unease, a risk or a lack of quality, which first of all invites you to accept the idea of a possible alternative, and then to construct its outline. This is as much about the content as about the capacity to imagine.

In terms of content, first of all, contemporary Western eaters get caught in a paradoxical dynamic from the start: that of extolling the virtues of a diversification of the benchmarks for good taste, which these days tends, to all appearances at least, to blur the social boundaries, combining the popular with the middle-class, the classic with the avant-garde. This is what the Canadian sociologists Josée Johnston and Shyon Baumann (2016) clearly demonstrated when they studied the emergence of a particular group of eaters, known as foodies. This group likes to mix up genres and see eclecticism as a way of shattering culinary codes. Those little fusion concoctions, put together using carefully chosen local ingredients, shrimp boats, served with home-made mayonnaise of course, or dishes swimming in sauce, with a Food-Truck twist, prepared only using ingredients from farms within a 50km radius of where they are served.

Sociologists explain that this mix-and-match creativity in fact masks profound divides between those with their own culinary repertoire who can distinguish between and then mix up different styles, and those who do not have this skill. Behind the equality and openness that are extolled in the rhetoric, there are in fact profound value judgements that divide and stigmatise those who do not have the ability, or the desire, to freely navigate between these different culinary repertoires. The culinary design that comes out of this eclecticism can therefore quickly take on deceptively democratic airs. This observation is also true of "ethical consumption" movements - this capacity to "eat well" combined with a desire to produce culinary eclecticism - reinforces the boundaries between social classes and, ultimately, appears to be an object of differentiation and judgement, conflating desire with the ability to change (Kennedy & al. 2018). Even more than in other artistic domains, taste judgements have a terrible power as they are incarnate, physical, labelling anybody unable to appreciate the finer things as mediocre. On this point, we might ask ourselves whether greater culinary diversity demands creative eclecticism, or a better capacity to value the diversity that already exists, without actually trying to mix it or combine it with others. This is a delicate task, taking all the different ways of eating and cooking seriously, whilst also building a preferable future for the eater, in other words avoiding promoting education about (good) taste – this trap of attributing the privilege of knowledge to some, and the flaw of not eating well to others.

### A capacity for aspiration as an issue for culinary design

The second dimension of our question is capacity, which we feel has greater potential. The potential to nurture the capacity to imagine a different future from the one that is widely accepted. Indian-American anthropologist Arjun Appadurai has recently demonstrated that this was a cultural skill that has also been distributed very unequally. He refers to the possibility of imagining credible futures as the "capacity for aspiration" (2013). Without this, it is impossible to change the world. Neither is there any way to organise ourselves to put forward an alternative to our condition, and then identify what we need to embark in these different directions. Without this, eaters remain imprisoned by the long, compelling but barely controlled dynamics often imposed by social and economic conditions and the agri-food infrastructure as well, of day-to-day changes.

This inability to look to the future is right at the heart of our societies. Without a systematic study on this subject, we can only hypothesise. Some facts are rather worrying. The failure rate of innovations in the culinary industry is very high. We regularly hear that between 80 and 85% of products in the agri-food sector disappear from the shelves in less than a year. However, in this area as in others, the agri-food industry is not penny-pinching when it comes to analysing and understanding the "needs" of eaters, and we take part in some of the studies in this area. So it is interesting to try and understand what happens when eaters are asked to grasp these culinary novelties in a drive for innovation [Wathelet 2018], industrial forms of culinary design covered by this exhibition. This is precisely the area in which we work as consultants. So, in studies carried out in France on new ways of eating using "cutting-edge" technologies, we meet eaters, some of whom have been chosen specifically because of their taste for culinary discovery and their initial indulgence when it comes to new technology. For these rather adventurous eaters, the culinary future is not unexplored territory.

*When you see that food has been processed like this, I have my doubts about the end product. At the same time, I think it's a shame, but there we go. It's a technology that I think has a future ahead of it, and that will be common a long time from now I think. But I don't really want to taste it,* these users explain, as we ask them to have a go with some new cookery gadget using some unusual technology.

So the dominant feeling is that of great fear for the future as it is presented, a sort of obligation towards something that appears to be an inevitable change.

*I don't like the concept at all, it isn't me. But I think that as humanity evolves, that's where we're heading, we'll get there. So OK, let's see what how it goes,* clarifies another user.

What kind of capacity for aspiration are we talking about in these eaters who are so open to the possibility of change? A capacity to accept change or to attempt to appropriate it, and not a capacity to define an alternative to what is on offer. The study approach that we use in this kind of work as consultant anthropologists for stakeholders in the agri-food industry is quite open however: a semi-open interview, unguided handling of a model, observation of usage without intervention from us, dealing with projective games. This framework is much more open than the system of day-to-day choices, where any refusal to consume something is marked by a significant cost: that of the need to change our routines, sometimes radically, to change the way we consume. In the study, introducing prototypes, handling them, the context of the appointment in the home of the potential users that we recruit in our studies, everything involved in simulating possible futures, means that the person has the capacity to refuse this choice and express an alternative. Despite their sometimes very decisive rejection, their capacity for aspiration encourages them to make these proposals acceptable, as though they were forms of evidence of a near future.

### To what extent can we imagine different ways of eating? A digression into science fiction

By responding in this way, the eaters that we spend time with in our work trigger the images generated by popular culture, in other words science fiction films, novels, advertisements, comics, pulp magazines etc. So taking what they say about the future of food seriously seems to be a relevant exercise when it comes to understanding our capacity for aspiration.

At first glance, we can begin by demonstrating in the field of food what has been observed in other areas: science fiction brings fundamental taboos to the surface. This can clearly be observed in relating to different forms of disgust linked to otherness – or why aliens tend to eat in a way that we, a "Western" audience, judge to be rather unnatural (Cooke 1987, Csicsery-Ronan 2002). On a smaller scale, we can also show how historic particularities condition how we foresee the future of food. The fact that Chinese science fiction offers examples of radical agricultural planning is perhaps not a million miles away from the communist experiments of the 1950s and 1960s (Li 2018). Exploring the dietary dystopias portrayed in science fiction offers one way to examine the boundaries of what is acceptable in different eras and different societies. This helps us understand some of the consequences of the technologies that the agri-food industry has been working on, sometimes for as long as several decades.

Another example: printing foods live, now explored using so-called "3D" processes. This is a tried-and-tested solution for dealing with the supply problems of over-populated worlds or isolated communities (for long-distance space exploration, like in Star Trek's *Replicator*, invented in 1966 before it was given this name in 1987). It is worth noting that these "magical" devices (it is rarely just a question of supplying the raw ingredients) pose as many problems when it comes to their use – for example, not managing to get people to understand the risk of getting the wrong dish (again in Star Trek) – as when it comes to inspiration, as in a memorable sequence in 2005's *The Hitchhiker's Guide to the Galaxy*. Ultimately, what is the use of a machine that can create an infinite variety of menus when the choice refers to the most familiar dishes (a problem expressed as early as 1933 in Keller's *Unto Us a Child is Born*)? This is an issue that crosses over from science fiction literature to automated restaurants that serve dishes on request, while alongside this, "human" cuisine is preserved for an elite few (in particular, see Dick's 1964 novel *Cantata 140*).

As with any technical process, the risk lies in going too far, whether it is a question of saturating the world with too many products, until you literally suffocate it, in the amusing novella by Fritz Leiber, *Bread Overhead* (1957), or exhaust all of its resources, as described by Ray Bradbury in *Here there be Tygers* (1951).

In contrast to these hazardous situations of abundance, deprivation is extensively described in these dystopian visions. When resources are limited, they become a major economic and geopolitical issue, like the wars to secure the gene pool for plants, excellently described by Paolo Bacigalupi in his novel *The Windup Girl* (2012). So science fiction explores the limits of the edible, finding its raw materials in all sorts of iconoclastic sources, from dog food (the opening scene of *Mad Max 2*, 1982, and its variation with a gecko in the most recent instalment, *Mad Max. Fury Road*, 2015), insect ketchup (*Titan A.E.,* 2000) and rats (*Snowpiercer*, 2014), to human food (the outrageous *Soylent Green*, 1973, which constitutes the paradigm of this masked cannibalism). It is worth noting that insects are becoming more and more acceptable, as we can see in the more positive interpretation in the more recent *Otherness* by Brin (1994) and *Blade Runner 2049* (2017).

The expression of fear when faced with culinary innovation is literal in this case. It illustrates the challenge of a transformation of the world that reduces the capacity for dietary choice to purely nutritional restrictions and a very intimate control of the body (Forster 2004, see also the role of standardised food in the production of twins raised to produce a supply of living organs in *The Island*, 2005). The tension is even clearer when it encounters contemporary issues, such as the recycling solutions for body water for personal consumption, illustrated in the novel *Dune* (1965) and in a variation within the body in *Black Star* by Gimenez (1979).

And so it joins two other themes extensively developed in food-related science fiction: cannibalism on the one hand (Alkon, 1996) and eating meals "in pills" on the other. While the first relates to the taboo of anthropophagy (see how it is used in the 2009 film *The Road*), the second looks at the risks inherent in the agri-food industry, in particular those relating to the age-old idea of synthetic meat (developed as early as 1952 in Pohl & Kornbluth's *The Space Merchants*), or even made up of plant protein (*Time is the simplest thing*, Simak, 1961) or indeed living versions, reared piecemeal. In 1962, Piper developed the idea of growing animal tissue to meet everybody's needs. The same author also invented the idea of delivering food by drone to extraterrestrial battlefields in *Space Viking*, in 1962. Quite interestingly, if we don't include representations of food pills of all kinds (a spectacular example is *THX 1138* by Lucas, 1971), the first expression of this type of food is American (*The Senator's Daughter*, published in 1879 by Mitchell); even then, it was conveying a fear of the declining quality of food. So it was not a desirable prospect for the members of humanity who aspired to it, but rather for over a hundred years, it has represented some of the most powerful deterrents in the modern age of food.

These two subjects also highlight issues relating to trust. How confident are we about what we are eating? Science fiction illustrates this point using individual monitoring technologies, like the poison tests used by Leto Atreides in *Dune*. More subtly, they are even devices to guide, or even misguide, the consumer's perception (the funny restaurant scene in *Brazil*, 1985, when the tantalising visuals accompany barely recognisable dishes), or more nuanced devices like the superimposed holograph of the dish eaten by K in *Blade Runner 2049* (2017) to adapt it to the chosen atmosphere in his apartment). The capacity to create a perfect organoleptic mix is therefore also an age-old quest (the 1998 *Solace* project by Noon & Boehm, was completely dedicated to this idea, reminiscent of some passages from Tenn's *The Jester*, 1951).

**Invisible scenarios and preferable futures**

"We have eliminated war and hunger, but we still don't have proper coffee machine coffee" [*The Lathe of Heaven*, 1980]

These limitations of the science fiction food model illustrate fears relating to a plausible future, or one that has at least become possible by being imagined. Like the users we met in our studies, they bear witness to forms of expectations, orientations that live in our imaginations and normalise devices that might seem problematic in terms of values.

This paradox, which still needs to be better understood, of the worst-case scenario that paradoxically makes it more acceptable, invites us to become more attached to the concept of the preferable.

If our analysis is well-founded, then any speculation about the future should begin with an exercise in purging the imagination so that we can "clean our eyes" of the dominant visions. And so turn these exercises in speculation into a tool to ask questions about the alternative futures that they do not reveal.

The American Curtis Marez recently demonstrated the weight of the implicit in forecasts for the future in the field of agriculture [2016], focusing on representations of Californian immigrant agricultural workers. Agricultural robotics, widely supported by some local employers since the 1930s, appeared to be just as much a vision of industrialisation for their area of activity as a means of controlling the aspiration to change the conditions for a poorly organised population of labourers. Robots have for a long time been perceived as a sort of docile operator, thus playing the role of a bogeyman against any desire for social protest. The Mexican film *Sleep Dealer* [2008], illustrating a world of farms employing migrant workers, operating remotely via a combination of implants and remote controlled robots, is a response to this "war" of imaginative visions.

So it seems that, far from constituting an intellectual exercise in speculation about what could happen, designing futures enriches or limits a society's capacity to speculate freely, make plans, and so organise itself to really implement choices about the future.

Our quick digression into science fiction illustrates this quite clearly: the imaginative visions that we build up from what we have seen and read, whether popular or scholarly, trace the lines of force above and beyond the discourse that they intend to express. The relatively conservative nature of science fiction when it comes to food should ask us questions about the capacity to create and explore robust alternatives.

There are some avenues to explore. Firstly, because beyond the major trends that we looked at earlier – in this case we will be talking about dominant lines of imaginative visions (Minvielle & al. 2016) – there is a real creativity in the detail of surprising interactions. For example, situations where there is abundance illustrate the issues relating to moving away from seasonality and unlimited food transport. What happens when this transport allows combinations that are currently unimaginable (Johnson 2012)? The second volume of *The Hitchhiker's Guide to the Galaxy*, 1980 includes an hilarious restaurant scene in which the food, which is still alive, tries to get eaten by the customers. An interesting scenario where a food chooses its eater. Then there is the question asked by Anthony Boucher in *Robinc* (1943): what would happen if robots had sensors that allowed them to experience taste sensations with the same intensity as humans? These speculations and many more have the advantage of moving the focus away from subjects around food "trends", and have the power to accompany new forms of speculation.

And then, more fundamentally perhaps, we recommend exploring the Western fringes of this literature which, by its very nature, is deeply anchored in a Euro-American, technophile conception of the future, based on white (but not necessarily well off financially, which perhaps explains the penchant for social protest) engineering. There are other speculative visions though, and the time has come to look at these. With the exception of the Afrofuturist movement, which enjoys a certain audience, partly because of the political energy of the popular movements that support it (Womack 2013), other forms of "indigenous futurism" are still widely unknown (Dillon 2016, Lempert 2014, Schultz 2018). Yet they propose culinary recipes anchored in other traditions, like the project run by journalist and activist Andi Murphy. A little volume called *Imminent cuisine* (2019) is the result of a radio experiment exploring ten or so culinary speculations from a Native American perspective on the world. This example, and others that should also be explored (such as the role of shamanism as an imaginary technology based on a collective co-production of extra-sensory visions, see Allen 1996, Stépanoff 2019), demonstrate the possibility of conceiving change in the world of food that is not about reproducing a vision of the culinary future, but rather about tools that can be used to explore and create diversity.

This essay is an invitation to take the capacity for aspiration seriously and to apply this analytic filter to creative, imaginative and innovative practices. We have shown that the diversity of our imaginations is not always self-evident, and that creativity can be much more conservative that it might at first seem. We have shared our surprise at the role of forecasts of the future in the adoption of technologies that are still not deemed to be very desirable by their future users. But we have also shared our enthusiasm for the diversity of the imaginative visions that exist and flourish in the margins or as a reaction to certain more conservative visions of our culinary futures. Lastly, we believe that culinary design is a key player in these issues, for better or for worse.

## Bibliography

— Allen, W. "Shamanic Manipulation of conspecifics. An analysis of the prehistoric and ethnohistory of hallucinogens and psychological legerdemain", in Westfahl, G., Slusser, G. & Rabkin, E. [dirs.], *Foods of the gods. Eating and the eaten in fantasy and science fiction*, Athens, University of Georgia Press, 1996. Pp. 39-55.

— Alkon, P. "Cannibalism in science fiction", in Westfahl, G., Slusser, G. & Rabkin, E. [dirs.], *Foods of the gods. Eating and the eaten in fantasy and science fiction*, Athens, University of Georgia Press, 1996. Pp. 142-159.

— Appadurai, A. *Condition de l'homme global*, Paris, Payot, 2013.

— Cooke, L. B. "The Human Alien: In-Groups and Outbreeding in *Enemy Mine*", in Rabkin, E. & Slusser, G. [dirs.]. *Aliens. The anthropology of science-fiction,* Carbondale, Souther Illinois University Press, 1987. Pp. 190-191

— Csicsery-Ronan, I. "On the grotesque in science-fiction", *Science Fiction Studies*, 86, 2002. Pp. 71-99.

— Desjeux, D. & Clochard, F. [dirs.] *Le consommateur malin face à la crise*, Paris, L'Harmattan, 2013.

— Diasio, N. [dir.] *Alimentation adolescentes en France*, cahiers de l'OCHA, 14, 2009.

— Dillon, G. "Indigenous Futurisms, *Bimaashi Biidaas Mose*, *Flying* and *Walking towards You*", *Extrapolation,* 57, 2016. Pp. 1-6.

— Dupuy, A. *Plaisirs alimentaires, socialisation des enfants et des adolescents*, Tours, Presses Universitaires François-Rabelais, 2013.

— Forster, L. "Futuristic Foodways: the metaphorical meaning of food in science fiction film", in Bower, A. [dir.], *Reel food: Essays on food and film,* London, Routledge, 2004. Pp. 251-265.

— Johnson, M. "From farm to fable. Food, fantasy, and science-fiction", *Clarkesworld*, 65, February edition, 2012.

— Johnston, J. & Baumann, S. *Foodies. Democracy and distinction in the gourmet foodscape*, London, Routledge, 2nd edition, 2016.

— Julien, M.-P. "Between constraint and innovation. The transformation of domestic food practice", in *Diasio*, N. & Julien, M.-P. [dirs.], *Anthropology of family food practices. Constraints, adjustments, innovation*, Brussels, Peter Lang, 2019. Pp. 8-43.

— Kennedy, E. H., Baumann, S. & Johnston, J. "Eating for taste and eating for change: Ethical consumption as a high-status practice", *Social Forces*, 98, 1 2018. Pp. 381-402.

— Lempert, W. "Decolonizing encounters of the third kind. Alternative futuring in native science fiction film", *Visual anthropology review*, 30, 2, 2014. Pp. 164-176.

— Li, H. "The environment, humankind, and slow violence in Chinese science fiction", *Communication and the public*, 3, 4, 2018. Pp. 270-282.

— Marez, C. *Farm worker futurism. Speculative technologies of resistance*, Minneapolis, University of Minnesota Press, 2016.

— Minvielle, N., Wathelet, O. & Masson, A. *Jouer avec les futurs*, Paris, Pearson, 2016.

— Moussaoui, I. *Cuisine et indépendances. Jeunesse et alimentation*, Paris, L'Harmattan, 2002.

— Murphy, A. *Imminent Cuisine. Indigenous Food Futurisms*, Albuquerque, Tribal Print Source, 2019.

— Schultz, T. "Mapping Indigenous Futures. Decolonising Techno-Colonising Designs", *Strategic design research journal*, 11, 2, 2018. Pp. 79-91.

— Stépanoff, Ch. *Voyager dans l'invisible. Techniques chamaniques de l'imagination*, Paris, La Découverte, 2019.

— Urry, J. *Societies beyond oil*, London, Zed books, 2013.

— Verdier, Y. *Façons de dire, façons de faire*, Gallimard, Paris, 1979.

Wathelet, O. "Usagers partout, individu nulle part ? Questionnements d'un anthropologue sur les pratiques de conception centrée utilisateur.", in Maire, V., Eudes, E. & Jolly, V. (dirs.), *Industries nouvelles et économie contributive. Le design, acteur de l'innovation sociale*, Paris, Loco, 2018. Pp. 85-98.

— Womack, Y. *Afrofuturism. The world of Black Sci-Fi and Fantasy culture*, Chicago, Chicago Review Press, 2013.

# Vie quotidienne | ALIMENTATION | En particulier

## honey & bunny (Sonja Stummerer & Martin Hablesreiter)

Alors que nous entrions dans l'âge adulte, quelque chose de spécial a changé dans notre quotidien.

Nous sommes au XX$^e$ siècle, à la fin des années 1970, début des années 1980. Sonja passe son enfance à Vienne. Martin vit à proximité du Rideau de fer, dans la ville de Freistadt au Sud de la Forêt de Bohème. À cette époque, l'Autriche est à l'intersection de deux visions du monde. Coincée entre le Pacte de Varsovie et l'OTAN, entre le socialisme et le capitalisme, une culture libérée du système se dessine dans une société agréablement cloisonnée. Bien que les citoyens autrichiens aient le sentiment d'appartenir à l'Ouest et considèrent l'Est avec quelques craintes, le capitalisme inconditionnel ou le libéralisme économique restent discrets. « L'économie » de l'Autriche est détenue par des sociétés nationales, auxquelles appartiennent également la plus grande chaîne de distribution du pays, Konsum, et de petites entreprises locales.

La nourriture est souvent produite dans des coopératives. Les laiteries, les marchands de semences et les brasseries appartiennent au domaine public. Hormis les denrées provenant des colonies, les commerçants proposent principalement des produits des régions voisines. Le supermarché avec ses plus de 20 000 produits différents n'est réservé que pour les gros achats. Ces halles de denrées alimentaires bien remplies n'existent qu'en quantité limitée dans les grands centres urbains. Les visites au supermarché ne font pas partie de la vie quotidienne et restent plutôt une rare occasion d'excursion du week-end pour toute la famille. Nous devions donc nous lever tôt car les magasins ferment le samedi et le mercredi à midi. Et pas question d'aller faire des courses le dimanche ! Tout cela a radicalement changé en 1995 lorsque l'Autriche a rejoint l'Union européenne. Le 2 janvier 1995, les grandes sociétés agro-alimentaires européennes envahissent le marché alpin. En un seul jour, la variété a fait irruption dans nos vies. Les prix de certains aliments ont chuté alors que le monde politique considérait ce changement comme une grande réussite. Le président de l'époque, Thomas Klestil, a tenu son discours du Nouvel An avec un bol de crème chantilly à la main en déclarant qu'à partir d'aujourd'hui, elle coûterait deux fois moins cher.

En Autriche, le passage au libéralisme économique qui, en Europe occidentale, s'est déroulé de manière insidieuse et quasi imperceptible pendant des décennies, n'a (visiblement) nécessité qu'une seule journée. L'arrivée dans le quotidien de produits de masse a lieu du jour au lendemain, du moins en apparence. L'alimentation devient d'un coup un produit de grande consommation bon marché.

L'extraordinaire devient ordinaire.

Notre enfance a été bercée par le pain frais du petit-déjeuner du dimanche matin et le rôti des jours de fête, alors que les abats faisaient partie du quotidien. Le steak était réservé à la Noël et le champagne à la Saint-Sylvestre, aux mariages et aux anniversaires importants. Les gâteaux ou les friandises partageaient le même sort. Leur consommation se limitait aux jours de fête et aux lendemains. Les boulangers ne cuisaient pas plus de pain qu'ils ne pouvaient en vendre en un jour et les distraits de fin de journée devaient repartir avec ce qu'il restait. L'un des rares plats préparés, c'étaient ces bâtonnets de poisson, très appréciés par les enfants, tout comme les glaces industrielles aux couleurs vives et aux arômes « attrayants ».

Alors que nous devenons adultes, beaucoup d'aliments perdent leur originalité. La viande, même le filet, devient abordable et ordinaire, tout comme les gâteaux, le vin rouge ou le champagne. Le saumon quitte son statut de produit de luxe pour entrer dans les rayons des supermarchés à côté des fruits exotiques, des fraises en hiver et du raisin au printemps. Le supermarché bien achalandé transforme l'alimentation autrefois peu variée car majoritairement régionale, artisanale et de saison, en un bien de consommation abordable et souvent industriel. Les quantités ont augmenté de manière spectaculaire tout comme le nombre de produits et de marques, les pièces disponibles et les niveaux de qualité. Un seul et même produit, qu'il s'agisse du lait, du yaourt ou des tomates, s'est soudainement multiplié dans toutes les gammes de prix. L'économisation croissante de la production alimentaire a fait de l'alimentation à deux vitesses une réalité. Si avant 1995, il n'y avait généralement qu'une qualité, le choix est désormais très varié, parfois excessif et nous éloigne en quelque sorte de la qualité. S'orienter dans la jungle de l'offre est visiblement de plus en plus difficile (et pénible).

L'abondance de produits dans un supermarché est, bien entendu, favorable au confort des clients : un large choix, toujours disponible à bas prix, c'est un concept imbattable. Le supermarché s'est imposé d'une manière intéressante aux États-Unis dans les années 1950 pour une raison bien différente de toutes celles évoquées : la fin du contrôle social. En effet, alors que chez l'épicier local, tous les voisins et les proches savaient ce qu'on achetait et mangeait et combien on était prêt ou en mesure de dépenser pour l'avoir, dans le supermarché, l'anonymat règne en maître. On est libre d'acheter tout ce que l'on veut sans craindre de conclusions gênantes sur la situation familiale et privée.

La production de masse rationnelle et rentable de denrées alimentaires transforme le supermarché en un gigantesque entrepôt international. Aujourd'hui, dans les supermarchés, nous achetons de l'ail de Chine, des pommes d'Afrique du Sud, des pommes de terre d'Égypte et des oignons d'Australie. L'offre qui semble infinie dans les supermarchés est toutefois très limitée à bien des égards : les cerises ou prunes fraîches de nos campagnes, le pain du boulanger du coin ou les morceaux de viande délaissés des recettes de Jamie Oliver, tels que le jarret, la panse, les oreilles de porc ou les abats, ont disparu de la plupart des grandes surfaces.

Aujourd'hui, la consommation fait partie de notre culture. Au quotidien, elle va bien au-delà du simple besoin de s'alimenter. Elle s'est intégrée à nos habitudes et à notre identité, pas seulement pour le statut et la symbolique que nous acquérons avec les produits que nous achetons, mais aussi en tant qu'action et mode de vie. Nous sommes habitués à consommer et dirigeons notre quotidien, nos objectifs et nos projets de vie en fonction. Une vie sans consommer est, pour beaucoup d'entre nous, tout aussi inimaginable qu'une vie sans supermarché. La consommation est une valeur culturelle et idéologique étroitement liée à notre conception de l'économie et du bonheur, et subordonnée à d'autres besoins.

À cet égard, l'alimentation ne se distingue pas d'autres produits : qu'il s'agisse de gaufres, de sushis ou de pommes-frites, l'alimentation est profondément ancrée dans notre culture, et donc dans notre société. Elle fait avant tout l'objet d'une réflexion qui passe avant le goût. Derrière chaque bouchée se cache une idée philosophique. Manger est un acte culturel qui respecte certaines valeurs. La prise des calories quotidiennes n'est pas seulement une question de plaisir et de goût, elle s'intègre également à la philosophie de vie et au mode de pensée d'une société et de ses membres. Chaque procédé de préparation nécessite des transformations et donc une présentation soignée.

La plupart des produits de base sont modifiés avant d'arriver dans nos assiettes, que ce soit au niveau de la production, de la transformation ou de la préparation. Ce processus de présentation englobe également la cuisine. À l'inverse, le food design, de la production au conditionnement, comporte beaucoup plus d'étapes que le simple fait de cuisiner. Par food design, nous comprenons toute transformation intentionnelle, c'est-à-dire avec un but visuel précis, des ingrédients. Et ce type de création planifiée commence en fait déjà au stade de la production de variétés et de races rentables ou résistantes.

Les aliments ingurgités ont, d'une part, des effets purement physiques sur le corps (état nutritionnel, santé, bien-être, etc.) ; d'autre part, en mangeant, nous intégrons des valeurs qui créent des liens avec des systèmes de signification et des sphères de valeur supérieurs. Dis-moi ce que tu manges et je te dirai qui tu es. Le food design est un moyen d'expression essentiel. Chaque individu et chaque culture se définissent, dans les limites de la situation d'approvisionnement, par la variété, la préparation et la consommation de nourriture. Rien n'est plus lié aux traditions, aux religions, aux modes de vie, aux hiérarchies, à la démarcation et à la marginalisation que l'alimentation.

Les designers sont face à un dilemme.

Historiquement, la présentation des repas est une discipline essentielle du design qui a un rôle important à jouer pour l'avenir. La façon dont nous préparons les repas au quotidien n'est pas seulement une question de tradition, de culture, de santé, de régime et de critiques gastronomiques. Les émissions de $CO^2$, l'utilisation de la terre, la consommation d'eau et les systèmes d'énergie et de transport doivent également être pris en considération. Chaque produit est la somme de ressources et d'une charge de travail nécessaires à sa production et son élimination. Tout comme la fabrication de nourriture nécessite une part importante de ressources naturelles. L'agriculture en tant que telle est à l'origine d'environ 30 % des émissions totales de $CO^2$ et consomme quelque 70 % des réserves mondiales d'eau douce. Elle est donc l'un des plus grands consommateurs d'eau au monde. En outre, près de 53 % de la surface terrestre qui n'est pas recouverte d'eau ou de glace, est utilisée à des fins agricoles et constitue « l'empreinte agricole » des êtres humains sur la terre.[1] L'agriculture est donc l'un des principaux facteurs de l'équilibre écologique entre notre planète et ses habitants.

Chaque modification de nos comportements alimentaires a un impact immédiat sur le tissu social et l'écosystème. Ainsi, par exemple, « l'empreinte eau » d'un individu d'environ 3 600 litres par jour (Europe occidentale) peut diminuer d'un tiers (environ 2 300 litres) en adoptant un régime exclusivement végétarien[2]. Ces données nous permettent de comprendre facilement pourquoi le gaspillage alimentaire constitue un problème concret à la fois éthique et écologique. En effet, la nourriture gaspillée est certes une perte d'argent, mais elle consomme également de l'eau, de l'énergie, de la terre et de la main-d'œuvre et engendre une utilisation inutile d'engrais et de pesticides. La part mondiale du gaspillage alimentaire est estimée à 30 %, voire 40 % dans certaines régions d'Europe. Ces différences régionales laissent supposer que cette proportion pourrait augmenter avec le niveau d'industrialisation de la production alimentaire.

La détermination des parties animales et végétales comestibles ou non est également une question de culture : faut-il peler une pomme ou une pomme de terre ou au contraire manger la peau ? Faut-il retirer la couenne du jambon ou le gras autour de la viande avant de la manger ?

---

1 — Source : Joint Research Center, Ispra, Erwan Saouter
2 — *The Water Footprint of Food*, Arjen Y. Hoekstra, université de Twente, Pays-Bas, 2015, p.44

Compte tenu de la tendance au « développement durable », les connaissances sur la production, la composition, le traitement et la distribution de nos aliments sont déterminantes. Mais à elles seules, elles ne suffisent pas à agir activement car les êtres humains se comportent généralement suivant leurs émotions, leur milieu social et leur culture et pas de manière rationnelle,[3]. Nous savons que la majeure partie de nos aliments provient de régions où les droits du travail, la protection de l'environnement et des animaux n'existent pas ou peu et trouvons que la viande ou les légumes bios produits localement sont chers et réservés aux bobos élitistes. D'un côté, nous refusons le libéralisme économique, l'agriculture conventionnelle qui utilise des produits chimiques ou l'exploitation des ouvriers agricoles et de l'autre, nous estimons que les prix des supermarchés sont normaux, justes et équitables.

Avec le changement climatique, les effets indésirables et les inconvénients de l'alimentation industrielle et de notre système économique sont soudainement mis en avant. Mais les habitudes, la culture et l'effet de groupe ne nous aident pas à abandonner nos anciennes valeurs. Pendant des décennies, nous avons appris que la nouveauté, la vitesse et la distance étaient « bons » et que l'ancien, la lenteur et la proximité étaient « mauvais ». Le marché libéral, les technologies, les innovations et le design qui y est lié nous ont autrefois permis de nous libérer de certaines normes parfois obsolètes et dépassées. Mais aujourd'hui, nous pensons inévitablement que la consommation est indispensable à notre bonheur, à notre statut et à la survie économique de notre système.

Il est malheureusement plus difficile de vivre en opposition au système dominant que ce qu'on pense. La culture nous en empêche souvent. Nous savons tous, par exemple, que la consommation de viande est mauvaise pour la santé, le climat et le budget écologique, que sa production de masse engendre une souffrance sociale et animale mais nous avons beaucoup de mal à nous en passer. Et pas seulement parce que nous en avons besoin physiquement. La viande a également pris une grande importance dans notre culture alimentaire. Toutefois, le design a le pouvoir créatif de repousser les valeurs et les fondements avec des moyens esthétiques. L'une de ses missions serait, par exemple, de trouver un moyen original de revaloriser les légumes par rapport à la viande afin que nous ne les mangions plus comme simple substitut

---

**3** — *Alles könnte anders sein*, Harald Welzer, Eine Gesellschaftsutopie für freie Menschen, S.Fischer Verlag GmbH, Francfort sur le Main, 2019, p. 63

à la viande mais bien pour leur valeur culturelle. L'ère moderne a réussi à se libérer des normes esthétiques mais également politiques de l'historicisme en développant des concepts esthétiques totalement nouveaux. À l'époque, cette esthétique allait au-delà de la pensée établie et a défini de nouvelles exigences (politiques) au niveau du design et de l'objet en général.

En tant que designers en général, et food designers en particulier, nous avons une responsabilité sociale spéciale car notre travail a lieu à l'intersection de la production et de la consommation. Cela signifie que nous avons une influence sur ce que nous produisons et comment nous le produisons et sur ce que les gens consomment et la façon dont ils le font : « design expresses power materially and in ways that shape how people interact and ontologically prefigure their material culture and economy » [4]. Nous avons le devoir de vérifier les objectifs et les valeurs de la création de nourriture, de nous débarrasser, au besoin, des pratiques généralement admises et de créer des opportunités pour l'innovation.

Le libre marché, la valeur de l'argent ou la variété en matière de consommation sont des idéaux imaginés par l'homme, au même titre que les droits de l'homme, des animaux ou des végétaux. En tant qu'êtres humains, nous avons créé au cours de l'histoire de nombreux mondes de sens abstraits pour assurer la cohésion sociale, qu'il s'agisse de nations, de religions, de Facebook ou de Wall Street. Car il s'agit en fin de compte de développer la culture et de définir de nouveaux objectifs modernes. Pour l'alimentation, les objectifs peuvent être, par exemple, la préservation des ressources, la sauvegarde du sol, de l'eau et du climat ou le respect des droits humains.

La question qui se pose est la suivante : à quelle forme d'éthique faut-il accorder de l'importance en tant qu'être humain et designer ? Elle est d'autant plus importante pour nous, designers capables de changer la culture, de la manipuler. La façon dont nous concevons nos repas ne sert pas seulement à maintenir notre corps en vie, elle véhicule également des valeurs sociales et culturelles. Les objectifs qu'elle vise sont une question d'idéologie qui soutient le design.

---

**4** — *Design as Politics*, Tony Fry, Berg, Oxford, New York, 2011, p.6

Dans ce contexte, en tant que designers, nous devons nous remettre en question : souhaitons-nous continuer à nous cacher derrière de (prétendues) contraintes matérielles et commerciales ? Ou prônons-nous l'ouverture d'un nouveau dialogue sur d'autres objectifs du design ?

Rien de tel que l'alimentation comme matière première pour créer un design durable. En comparaison avec la mobilité ou l'habitat, le choix au niveau de l'alimentation quotidienne est relativement flexible. Les menus changent en très peu de temps tant que l'offre et la narration culturelle y contribuent. En tant que designers alimentaires, nous sommes la clé d'un avenir durable car nous n'avons rien de plus (ni de moins) à faire que de créer un cadre culturel compréhensible et attrayant. C'est notre principale compétence : « freedom in the future cannot exist without Sustainment being made sovereign and ... this imposition has to be by design »[5].

Aucun autre rituel n'est aussi ancré dans notre culture quotidienne que l'alimentation. La nourriture et son mode de consommation font partie intégrante de la culture culinaire. Si nous la modifions en conséquence, nous pourrons mettre en place une alimentation durable. L'exigence d'un « bon » design réside dans la réalisation au moins équivalente d'exigences économiques, sociales et écologiques. Le design, et à partir de là, le food design est politique car il « intervient dans le monde. Cela implique une responsabilité politique du designer »[6], écrit le théoricien du design allemand, Friedrich von Borries. Le design (culinaire) prend toujours position par rapport à l'ordre social établi et agit donc, de manière consciente ou non, au niveau de la politique sociale. Le food design est la discipline reine des changements durables. Nous, designers, devons simplement avoir le courage de remplir notre rôle sur le plan de la politique sociale et de développer nos propres valeurs.

**5** — *Design as Politics*, Tony Fry, Berg, Oxford, New York, 2011, p.186
**6** — *Weltentwerfen, Eine politische Designtheorie*, Friedrich von Borries, edition suhrkamp, Suhrkamp, Berlin, 2016, p.30

# commonplace | FOOD | special

## honey & bunny (Sonja Stummerer & Martin Hablesreiter)

As we grew up, food that was special became commonplace.

It was the late 1970s and 1980s. Sonja spent her childhood in Vienna. Martin grew up near the Iron Curtain in Freistadt in the south-west of the Bohemian Forest. At the time Austria lay between the two worldviews. Sandwiched neutrally between the Warsaw Pact and NATO, between socialism and capitalism, a system-free culture tended to dominate a pleasantly insular society. People felt that they belonged to the West and squinted anxiously in the direction of the East, but unqualified capitalism or economic liberalism were alien. Austria's "economy" was divided into state-owned businesses, including the largest retail chain at the time, "Konsum", and small local businesses.

Food was frequently produced in cooperatives. Dairy producers, seed traders and breweries were often publicly owned. Aside from colonial goods, food merchants predominantly sold products from the local neighbourhood. Austrians only knew the Paradies supermarket with over 20,000 different products from major shopping expeditions. These well-stocked food halls were only found in metropolitan areas and even there were few and far between. A visit to a large supermarket selling a wide range of goods was anything but routine, more of a rare weekend outing for the whole family. We had to get up early because the shops closed at 12 o'clock on Saturdays and Wednesdays. Shopping on a Sunday was unthinkable. This changed overnight in 1995 when Austria joined the European Union. On the 2nd of January 1995, European food retailers flooded the market. In the course of a single day, choice came into our lives. The cost of many foodstuffs fell dramatically. The politicians hailed this as a great success. The then President Thomas Klestil made his New Year address with a pot of double cream in his hand and claimed that from then on it would only cost half the price.

In Austria the transition to economic liberalism, which occurred stealthily and almost unnoticed over decades in Western Europe, (apparently) took place over a single day. Massed produced goods flooded into everyday life overnight – at least that is how it felt. Food suddenly became a cheap consumer good.

What was special became commonplace.

During our childhood, fresh white bread was literally for Sunday breakfast and festive roast dinners. Offal, on the other hand, was a permanent fixture. Steak was only served at Christmas and the adults only drank sparkling wine on New Year's Eve, at weddings and on significant birthdays. The same applied to cakes and sweets. They were only eaten on holidays and the days following. Bakers only baked as much bread as they could sell on the day; anyone who went shopping in the late afternoon had to make do with what was left. One of the few prepared foods was fish fingers, which had a certain cult status among us children, as did factory-made ice cream in loud colours and equally "loud" flavours.

As we were growing up, many foods lost their status as special treats. Meat, even filets, became affordable and commonplace, as did cakes, white bread and sparkling wine. Salmon went from an expensive luxury to a comparatively cheap supermarket product, as did exotic fruits, with berry fruits available in winter for the first time and grapes in spring. The brimming Paradies "supermarket" transformed food that was largely regional, seasonal and manually produced into an affordable, often industrial, consumer good. The number of products and brands, their availability and quality range increased dramatically. Suddenly there was not just one type of an individual product – whether milk, yoghurt or tomatoes – but a choice ranging from extremely cheap to very expensive. The progressive economisation of food production resulted in two different classes of diet. Where before 1995 there was generally only one quality available, there were now countless, sometimes so many that we somehow lost our perspective and relationship to quality. Finding our way in the jungle of offers became significantly more difficult (and laborious).

Of course the sheer quantity of foods in a supermarket is convenient for customers: wide choice, constant availability, low prices – an unbeatable concept. Interestingly, the supermarket became popular in the USA in the 1950s for none of the above reasons, but for a completely different one: the loss of social control. While in the case of the local store all the neighbours and relations knew what you bought and ate and how much you were prepared or able to pay for it, the supermarket meant anonymity. You could buy what you wanted without fear of adverse conclusions being drawn about your private or family circumstances.

The rational, affordable mass production of foods enabled the supermarket to become a giant, international warehouse. Today supermarkets sell garlic from China, apples from South Africa, potatoes from Egypt and onions from Australia. The seemingly endless offer in supermarkets is in many ways also very limited: customers generally look in vain for fresh local cherries or damsons, bread from the local baker or meat cuts such as pork knuckle, stomach, pig's ears or offal in the average supermarket, apart from the Jamie Oliver Mainstream.

Consumption is part of today's culture. Everyday consumption goes far beyond necessity. It has become part of our habits and our identity, not only in the sense of the status and symbolism which we attach to the products we buy, but also our behaviour and lifestyle. We are accustomed to consuming and our everyday life, our goals and raison d'être are directed towards it. A life without consumption is for many people as hard to imagine as a life without supermarkets. Consumption is a cultural, even ideological, value closely associated with our ideas of economy and happiness and to which other needs are subordinate.

Food is different from other products in this respect: irrespective of whether it is waffles, sushi or chips, the characteristics of food are profoundly linked with culture and thus with society. Food is first thought of and only then tasted. A philosophical idea lies behind each bite. Eating is a cultural act, which follows specific value concepts. The consumption of calories is not only a question of pleasure and taste, but also one of the approach to life and way of thinking of a society and its members. Every process of preparation is an act of conscious modification and thus of design.

Most primary products are altered in some way, i.e. designed before they land on the plate, either by breeding, processing or preparation. By the same token food design – from breeding to portion sizing – essentially involves more processes than mere cooking. By food design we mean any intentional, i.e. with a specific objective in mind, alteration of the ingredients. And this type of planned design begins precisely with the breeding of higher yield or more resistant varieties and breeds.

On the one hand, food which is eaten has a purely physical effect on the body (nutritional status, health, well-being, etc.), on the other hand eating involves consuming meanings, which create links to superior significance systems and value spheres. Show me what you eat and I will tell you who you are. Food design is an essential means of expression, every individual and every culture define themselves – to the extent that the supply situation allows – through the choice, preparation and consumption of food. Nothing is so closely associated with tradition, religion, lifestyle, and hierarchies, but also with exclusion and differentiation, as food.

Designers face a dilemma.

Food design is historically one of the most significant and for the future one of the most important design disciplines. Designing our daily food is not just about tradition, culture, health, diet and gastronomic reviews, it is also important in relation to $CO_2$ emissions, land and water use and energy and transport systems. Every product is the sum of the resources and labour required to produce and dispose of it. Food production consumes a major share of natural resources. Agriculture alone causes some 30% of total $CO_2$ emissions and uses around 70% of global fresh water stocks. Farming is therefore the world's largest consumer of fresh water. Moreover, some 53% of the Earth's surface which is not covered by water or ice is used for agriculture creating man's "agricultural footprint" on the Earth.[1] Agriculture is thus one of the most important factors in the ecological balance between our planet and its inhabitants.

---

**1** — Source: Joint Research Center, Ispra, Erwan Saouter

Any change in our eating behaviour has a direct effect on the social fabric and the ecosystem. For example, the "water footprint" of an individual of approx. 3,600 litres of water per day (in Western Europe) can be reduced by around one third to approx. 2,300 litres by switching to a vegetarian diet (cf. Hoekstra, 2015, p.44[2]). From this data, it is soon evident why food waste is not only an ethical but also an actual ecological problem. Throwing away food is a waste not only of money, but also of water, energy, land and human labour and involves the unnecessary use of fertilisers and pesticides. The proportion of food thrown away worldwide is estimated at 30%, and up to as much as 40% in many parts of Europe. These regional differences suggest that the proportion of food wasted increases with the degree of industrialisation and food production.

Which parts of animals and plants are classed as "edible" and which as "waste" is of course also a cultural question: do I peel an apple or a potato or eat them with the peel? Do I trim the fat from ham, meat, etc. when cooking or serve them with it?

Knowledge of the production, composition, processing and sale of our food is a vital factor in the context of a "lasting turnaround". Knowledge alone is not, however, enough in order to become actively engaged, given that people mainly act emotionally, socially and culturally, not rationally (cf. Welzer, 2019, p. 63[3]). We know that the bulk of our foods come from regions where employment rights and environmental or animal protection do not exist or are only paid lip service, and yet we consider locally produced organic meat or vegetables as expensive, elite "hippie" goods. In our minds we reject economic liberalism, conventional farming based on the use of chemicals or the exploitation of seasonal workers, and yet we regard supermarket prices as normal, reasonable and even fair.

---

2 — *The Water Footprint of Food*, Arjen Y. Hoekstra, University of Twente, The Netherlands, 2015
3 — *Alles könnte anders sein* (Everything could be different), Harald Welzer, Eine Gesellschaftsutopie für freie Menschen (A utopian society for free people), S.Fischer Verlag GmbH, Frankfurt am Main, 2019

With climate change, the side effects and drawbacks of an industrial lifestyle and our economic system suddenly come into focus. Habit, culture and group dynamics, however, make it difficult to reject old values. For decades we have learnt that new, fast, high and distant are "good" and old, slow, low and nearby are "bad". The free market, technology, innovation and the design closely associated with them freed us from old and in some cases inherited standards. Today, we inevitably think that consumption is central to our happiness, our status and the economic survival or our system.

Opposition to the prevailing system is easy to conceive but unfortunately very difficult to put into practice. Our culture often prevents us. We all know, for example, that too much meat is unhealthy, bad for the climate and the ecological balance, its mass production causes animal suffering and social anguish, and yet many of us find it difficult to give up meat, not because we need it physically, but because our diet culture places enormously high value on meat. However, design has the power to change values and significances using aesthetic tools. One task, for example, would be to find a design means of enhancing the value of vegetables compared with meat such that they are no longer eaten as a substitute for meat but because culturally they are more highly valued. For example, modern art has succeeded in freeing itself from the aesthetic and thus also political norms of historicism by developing a completely new aesthetic. This aesthetic lay beyond what was previously conceivable at the time and established a new (political) requirement of design and the object in general.

As designers in general and food designers in particular, we have a specific responsibility to society because we work at the interface between production and consumption, i.e. we have influence both on what and how food is produced, but also on what and how people consume it: "design expresses power materially and in ways that shape how people interact and ontologically prefigure their material culture and economy" (Fry, 2011, S.6[4]). We have a duty to examine the objectives and values which lie behind food design and to throw current behaviour overboard if necessary, in order to create the opportunity for something new to emerge.

**4** — Design as Politics, Tony Fry, Berg, Oxford, New York, 2011

The free market, the value of money and huge consumer choice are ideals conceived by people, in the same way as human, animal or plant rights. As people, we have created many abstract constructs over the course of history in order to keep societies together, be it nations, religions, Facebook or Wall Street. In the end, it means further developing culture and establishing new objectives appropriate to the times. In the case of food, for example, these could be objectives such as the sparing use of resources, protection of the soil, water and climate or compliance with human rights.

The question which arises is what form of ethics do people as humans and designers feel obliged to adhere to. This is significant insofar as we can, as designers, alter, even manipulate, culture. The manner in which we design our food not only fulfils the function of keeping the body alive, but also makes social and cultural values a reality. What objectives are pursued here is a question of the ideology which lies behind the design.

And here as designers we must ask ourselves: Do we want to hide behind (supposed) practical and market pressures? Or do we want to open a new discourse on other design objectives?

No material is more appropriate than food for establishing sustainable design. Compared with transport or housing, the choice of daily diet is relatively flexible. Meal plans can be altered very quickly, provided that availability and the cultural narrative are onside. As food designers, we are at the heart of a sustainable future as we must do no more (but also no less) than create an understandable and desirable cultural framework. This is our core skill: "freedom in the future cannot exist without Sustainment being made sovereign and ... this imposition has to be by design" (Fry, 2011, p.186[5]).

---

**5** — Design as Politics, Tony Fry, Berg, Oxford, New York, 2011

No ritual is more closely associated with everyday culture than eating. What and how we eat is a question of food culture. If we change this, a sustainable diet can follow. The requirement of "good" design is at least a balanced fulfilment of economic, social and ecological demands. Design, including food design, is political, because it "intervenes in the world. This requires a political attitude on the part of the Designer" (Borries, 2016, p.30[6]) wrote the German design theorist Friedrich von Borries. (Food) design always takes a position with respect to the existing social order and therefore also always acts – consciously or unconsciously – socio-politically. Food design is the key discipline for sustainable change. As designers, we must summon up the courage to take on our socio-political role and develop our own value concepts.

---

**6** — Weltentwerfen, Eine politische Designtheorie (To project the world – towards a political theory of design) Friedrich von Borries, edition suhrkamp, Suhrkamp, Berlin, 2016

# Réglementation alimentaire européenne et food design

**Nicolas Carbonnelle, juriste**

*La nourriture est à la fois le socle d'une communauté, une histoire passée, un présent mais elle permet également d'entrevoir notre avenir.*
Olivier Roellinger

*L'art alimentaire a plus de règles que l'art poétique.*
Jean-Paul Branlard

L'innovation alimentaire et le food design se manifestent de multiples façons, et il est pertinent de s'interroger sur la manière dont le droit les appréhende. Comme praticien du droit versé dans la réglementation agro-alimentaire européenne, je conseille une clientèle très diversifiée, dont les activités comportent pratiquement toujours, même si on ne la nomme que rarement de cette façon, une dimension de food design. Celle-ci se matérialise tantôt dans la façon de produire les aliments, tantôt dans la manière d'en élaborer la composition ou l'apparence, tantôt dans la façon de les présenter aux consommateurs.

Le food design n'est pas réglementé en tant que discipline ; ce sont ses applications qui confrontent le food designer[1] dont l'ambition dépasse la performance technique ou artistique à la réglementation alimentaire.

Le droit n'est cependant jamais loin pour autant, et il définit à tout le moins l'objet (ou la finalité) du food design : répond à la définition de «food», donc de «denrée alimentaire» ou «aliment» au sens de la réglementation européenne, *toute substance ou produit, transformé, partiellement transformé ou non transformé, destiné à être ingéré ou raisonnablement*

---

[1] — Qu'il soit un individu ou une entreprise.

*susceptible d'être ingéré par l'être humain*.[2] Ce terme, précise le législateur, recouvre *les boissons, les gommes à mâcher et toute substance, y compris l'eau, intégrée intentionnellement dans les denrées alimentaires au cours de leur fabrication, de leur préparation ou de leur traitement*.[3]

Vouloir faire ingérer quelque substance ou produit à des êtres humains requiert que cette substance ou ce produit réponde au prescrit de la réglementation alimentaire[4]. Dès lors qu'il réfléchit à la composition ou à la présentation d'un produit ou à la manière de le produire ou de le consommer, le food design implique donc nécessairement une prise en compte du cadre réglementaire –fût-ce pour en identifier les aspects qui pourraient requérir des adaptations.

La réglementation alimentaire, dans ses multiples dimensions, s'intéresse en effet aux propriétés des aliments destinés à l'alimentation humaine, et définit les spécifications auxquelles ils doivent répondre[5] autant qu'elle régit la façon de les présenter aux consommateurs[6].

Mais le droit est par essence évolutif, et l'inflation réglementaire dont témoignent les dernières décennies, tout particulièrement dans le domaine alimentaire, ne constitue jamais, pour l'essentiel, qu'un miroir (parfois déformant) des progrès scientifiques et techniques ainsi que des évolutions sociologiques au gré desquelles évoluent les préférences des consommateurs.

---

2 — Règlement (CE) No 178/2002 du Parlement européen et du Conseil du 28 janvier 2002 établissant les principes généraux et les prescriptions générales de la législation alimentaire, instituant l'Autorité européenne de sécurité des aliments et fixant des procédures relatives à la sécurité des denrées alimentaires (que nous désignerons ci-après comme «la législation alimentaire générale»), article 2.
3 — Ibidem.
4 — Les produits et substances destinés à l'alimentation animale font également l'objet de règles particulières, qui ne font cependant pas partie du champ de notre analyse.
5 — À travers notamment des règles détaillées en matière d'hygiène des denrées alimentaires, ou encore un cadre spécifique relatif à la production biologique.
6 — La présentation des denrées alimentaires est une notion relativement large, qui recouvre entre autres la forme et l'aspect donnés aux denrées ou à leur emballage, au matériau d'emballage utilisé, à la manière dont elles sont disposées et l'environnement dans lequel elles sont exposées. Nous reviendrons plus loin sur certaines autres dispositions du Règlement (UE) No 1169/2011 du Parlement européen et du Conseil du 25 octobre 2011 concernant l'information des consommateurs sur les denrées alimentaires («Règlement INCO»).

Par ailleurs, il est un fait certain que le droit a toujours un peu de retard sur l'état de la science et de la technique. Pourtant, dès lors qu'ils constituent un domaine fini, constitué de règles horizontales et verticales, de définitions et de principes aux champs d'application déterminés dans l'espace et le temps, le droit et la réglementation conditionnent dans une certaine mesure la capacité des innovations à entrer dans notre assiette quotidienne. L'observation et l'accompagnement de projets innovants permettent de le constater.

Pour leur part, les innovateurs doivent réévaluer en permanence la balance entre la préservation de la confidentialité de leur know-how, afin d'en assurer la protection la plus durable et la plus efficace, et une dissémination suffisante de leurs connaissances pour stimuler l'évolution du cadre réglementaire là où elle est nécessaire. Il est un fait certain qu'en ce sens, ce sont les opérateurs économiques qui coécrivent la réglementation en alimentant le processus décisionnel ; les autorités compétentes, au premier rang desquelles le législateur, ont la tâche essentielle de veiller à ce que les évolutions se fassent de manière conforme aux principes fondamentaux qui sous-tendent le cadre réglementaire.

Aujourd'hui, la majeure partie de la réglementation alimentaire est définie au niveau européen, bien que la mise en œuvre de la réglementation, son suivi administratif et la vérification de la conformité des produits restent pour l'essentiel entre les mains des autorités nationales.

Parmi les objectifs fondateurs poursuivis par la réglementation alimentaire européenne figurent un niveau élevé de protection de la santé, la confiance des consommateurs et des autres parties concernées et des partenaires commerciaux dans les processus de décision en matière de législation alimentaire, et l'existence constante de fondements scientifiques à la législation alimentaire et aux décisions prises en vertu de celle-ci[7]. Ces objectifs se traduisent par une importante harmonisation normative qui permet une grande fluidité des échanges entre États membres.

---

7 — Législation alimentaire générale, Considérant 9.

**Innovations dans la nature des aliments et innovations technologiques**

Introduire de la nouveauté dans nos assiettes n'implique pas seulement d'emporter l'adhésion des consommateurs. L'acceptation de denrées exotiques, ou de produits alimentaires dont la composition ou la méthode de production sont inhabituels comporte parfois des difficultés d'ordre culturel, mais convaincre les consommateurs d'introduire dans leur alimentation de nouveaux produits animaux tels que des insectes ou des aliments produits selon des méthodes innovantes, telle la viande cellulaire[8], n'est pas la seule difficulté à surmonter pour les opérateurs.

Depuis 1997, l'Union européenne s'est dotée d'un cadre réglementaire spécifique pour les *nouveaux aliments*. Les deux exemples précités, des insectes et de la viande cellulaire, ne sont pas ici pris au hasard. Non seulement ces deux catégories de produits sont relativement présentes dans l'actualité et retiennent l'attention car elles portent en elles la promesse de modes de production alimentaire dont l'impact écologique est nettement inférieur aux modes de production conventionnelle de protéines animales, mais en outre, elles permettent d'illustrer à quel point innovation et réglementation évoluent de pair.

Ainsi, lorsque le premier règlement européen sur les nouveaux aliments a été adopté en 1997[9], la consommation d'insectes entiers par le consommateur européen n'avait pratiquement jamais été évoquée, et les techniques de culture cellulaire n'étaient pas encore perçues comme une piste réaliste pour la production de produits d'origine animale ou végétale destinés à la consommation humaine.

Or, le règlement définissait comme *nouveaux aliments* et *nouveaux ingrédients alimentaires* les aliments et ingrédients alimentaires dont la consommation humaine était restée négligeable dans la Communauté jusqu'à la date d'entrée en application du règlement[10] et qui en outre relèvent de catégories particulières, à savoir : OGM et aliments et ingrédients contenant

---

[8] — On lira avec intérêt l'ouvrage de Paul Shapiro, *Clean meat. How growing meat without animals will revolutionize dinner and the world*, Gallery books, New York, 2018. L'ouvrage a été traduit en français en 2019 et est publié chez Luc Pire.
[9] — Règlement (CE) n° 258/97 du Parlement européen et du Conseil du 27 janvier 1997 relatif aux nouveaux aliments et aux nouveaux ingrédients alimentaires.
[10] — Soit le 15 mai 1997.

des OGM, aliments et ingrédients produits à partir d'OGM mais n'en contenant pas, aliments et ingrédients présentant une structure moléculaire primaire nouvelle ou délibérément modifiée, aliments et ingrédients composés de micro-organismes, de champignons ou d'algues ou isolés à partir de ceux-ci, aliments et ingrédients composés de végétaux ou isolés à partir de ceux-ci et ingrédients isolés à partir d'animaux, à l'exception des aliments et des ingrédients alimentaires obtenus par des pratiques de multiplication ou de reproduction traditionnelles et dont les antécédents sont sûrs en ce qui concerne l'utilisation en tant que denrées alimentaires, et enfin, les aliments et ingrédients auxquels a été appliqué un procédé de production qui n'est pas couramment utilisé, lorsque ce procédé entraîne dans la composition ou dans la structure des aliments ou des ingrédients alimentaires des modifications significatives de leur valeur nutritive, de leur métabolisme ou de leur teneur en substances indésirables.

Les cultures cellulaires auraient pu être considérées comme tombant dans la catégorie visant les aliments et ingrédients auxquels a été appliqué un procédé de production non couramment utilisé, bien que cette qualification eût pu poser des difficultés. Cette question n'a cependant pas eu besoin d'être examinée, le législateur européen ayant procédé à une refonte du règlement sur les nouveaux aliments en 2015[11]. À cette occasion, plusieurs nouvelles catégories de nouveaux aliments ont été expressément prévues, dont celle des *denrées alimentaires qui se composent de cultures cellulaires ou tissulaires dérivées d'animaux, de végétaux, de micro-organismes, de champignons ou d'algues, ou qui sont isolées ou produites à partir de cultures cellulaires ou tissulaires dérivées d'animaux, de végétaux, de micro-organismes, de champignons ou d'algues*, faisant ainsi tomber la viande cellulaire sous le champ d'application de la réglementation sur les nouveaux aliments.

En ce qui concerne les insectes entiers, le débat juridique a été plus vif, ce qui tient au fait que la maturité du secteur de production des insectes était, dès avant l'adoption du nouveau règlement, plus grande que celle de la culture cellulaire d'aliments. Or comme indiqué ci-avant, si le règlement visait expressément[12] les *aliments et ingrédients alimentaires composés de végétaux ou isolés à partir de ceux-ci*, en ce qui concerne les produits animaux le règlement

---

11 — Règlement (UE) 2015/2283 du Parlement européen et du Conseil du 25 novembre 2015 relatif aux nouveaux aliments. Ce règlement abroge le règlement de 1997.

12 — En excluant cependant les aliments et les ingrédients alimentaires obtenus par des pratiques de multiplication ou de reproduction traditionnelles et dont les antécédents sont sûrs en ce qui concerne l'utilisation en tant que denrées alimentaires.

ne visait que les *ingrédients alimentaires isolés à partir d'animaux*. Point de mention donc d'aliments ou d'ingrédients «composés d'animaux». Le droit ne connaissant pas le vide, la question se posa rapidement de savoir si les insectes entiers devaient ou non être considérés comme des nouveaux aliments.

Le règlement de 2015 met fin à l'incertitude, en précisant expressément que ses dispositions trouvent à s'appliquer aux insectes entiers[13]. La question du statut des insectes entiers commercialisés avant l'entrée en vigueur du règlement de 2015 sera quant à elle bientôt tranchée par la Cour de Justice de l'Union européenne[14].

Les implications de la qualification d'un produit comme *nouvel aliment* sont loin d'être anecdotiques : alors que la plupart des denrées alimentaires conventionnelles sont mises sur le marché sous la seule responsabilité de l'opérateur économique (mais sous la surveillance des autorités compétentes), les *nouveaux aliments* suivent un régime bien différent : ils doivent être couverts par une autorisation préalablement à leur mise sur le marché[15].

Le processus d'autorisation étant long et potentiellement coûteux selon la quantité de données disponibles au sujet du nouvel aliment, le règlement prévoit qu'un opérateur qui n'est pas certain du statut de *nouvel aliment* du produit qu'il

---

**13** — Le considérant 8 du règlement de 2015 les vise explicitement dans les termes suivants : *il y a lieu de revoir, de préciser et de mettre à jour les catégories d'aliments qui constituent de nouveaux aliments. Ces catégories devraient inclure les insectes entiers et leurs parties*

**14** — Une question préjudicielle a été posée par le Conseil d'Etat français à la Cour de Justice de l'Union européenne en juillet 2019, visant précisément à déterminer si la définition prévue par le règlement de 1997 sur les *nouveaux aliments* doit être interprétée comme incluant dans son champ d'application des aliments composés d'animaux entiers destinés à être consommés en tant que tels ou ne s'applique qu'à des ingrédients alimentaires isolés à partir d'insectes. L'enjeu de cette question concerne les entreprises qui, avant la date d'entrée en vigueur du règlement de 2015 (c'est-à-dire le 1er janvier 2018), commercialisaient déjà des insectes entiers destinés à l'alimentation humaine. Ces entreprises pouvaient, pour autant que les autorités nationales dont elles relèvent eussent considéré que les insectes entiers ne tombaient *pas* sous le champ d'application du règlement de 1997, bénéficier d'une période transitoire leur permettant de poursuivre la commercialisation de leurs produits, non couverts par une autorisation comme *nouvel aliment*, malgré l'entrée en vigueur du nouveau règlement.

**15** — Bien que la procédure à suivre et les exigences en matière de contenu de dossier de demande diffèrent substantiellement de ce qui vient d'être décrit pour les « nouveaux aliments », un mécanisme d'autorisation préalable s'applique également à certains types d'ingrédients alimentaires, à savoir les additifs, les enzymes, les arômes et les solvants d'extraction. Seules les substances expressément autorisées à cet effet peuvent entrer dans la composition de denrées alimentaires. Il n'est pas toujours aisé de déterminer si une substance donnée doit faire ou non l'objet d'une autorisation préalable, or il en va de la légalité de son utilisation.

envisage de commercialiser peut recourir à une procédure de détermination du statut de nouvel aliment[16] qui permet d'obtenir une indication officielle quant à la qualification à retenir. Si la qualification de «nouvel aliment» est retenue, l'opérateur devra opter pour une procédure d'approbation de son nouvel aliment ou de son «nouvel ingrédient alimentaire».

En substance, le règlement prévoit qu'un nouvel aliment ne peut être autorisé que pour autant que trois conditions soient cumulativement remplies[17]. Premièrement, l'aliment ne peut présenter aucun risque en matière de sécurité pour la santé humaine, compte tenu des données scientifiques disponibles. Ensuite, l'utilisation prévue de l'aliment ne peut pas induire le consommateur en erreur, surtout lorsque l'aliment est destiné à en remplacer un autre et qu'une modification importante est apportée à la valeur nutritionnelle. Enfin, lorsque l'aliment nouveau est destiné à remplacer un autre aliment, le nouvel aliment ne peut pas différer de cet autre aliment d'une manière telle que sa consommation normale serait désavantageuse pour le consommateur sur le plan nutritionnel.

Les demandeurs d'autorisation doivent soumettre à l'appui de leur demande un dossier démontrant que le nouvel aliment qu'ils ont découvert ou développé répond à ces conditions.

Il existe deux procédures, à savoir la notification et l'autorisation[18].

La notification ne trouve à s'appliquer qu'aux aliments traditionnels en provenance de pays tiers à l'Union européenne, comme par exemple des fruits exotiques qui n'auraient pas été consommés en Europe avant le 15 mai 1997. Si cette procédure est relativement moins lourde que la procédure d'autorisation, et si sa durée est (en théorie du moins) plus courte, elle présente cependant l'inconvénient de ne pas permettre au demandeur d'autorisation de bénéficier d'une exclusivité des données soumises à l'appui de la demande. En d'autres termes, une fois la notification effectuée, celle-ci bénéficie immédiatement à

---

16 — Organisée par l'article 4 du règlement de 2015.

17 — Définies à l'article 7 du règlement de 2015.

18 — Ces deux procédures sont diligentées auprès de la Commission européenne, tandis que le règlement de 1997 organisait une seule procédure d'autorisation, qui devait être initiée auprès des autorités nationales. L'objectif du législateur était de remédier aux difficultés liées aux divergences de vue entre autorités nationales concernant le statut de «nouvel aliment» et de centraliser l'évaluation scientifique des dossiers au niveau de l'Agence européenne de sécurité alimentaire.

tous les opérateurs économiques, sans qu'ils doivent effectuer une quelconque démarche dans le cadre du règlement « nouveaux aliments ».

Cette procédure aboutit à l'autorisation du nouvel aliment dès lors que le notifiant peut démontrer la sécurité de la denrée alimentaire en question en s'appuyant sur des données relatives à sa composition et par l'expérience que l'on peut tirer de son utilisation continue pendant au moins vingt-cinq ans dans le régime alimentaire habituel d'un nombre significatif de personnes dans au moins un pays tiers. À défaut de le démontrer, ou si des objections de sécurité motivées sont soulevées par un État membre ou l'Autorité européenne de sécurité alimentaire, la notification est rejetée mais le demandeur peut, le cas échéant, soumettre un dossier de demande d'autorisation dans lequel il répond aux objections soulevées.

La procédure d'autorisation permet quant à elle de bénéficier d'une période de protection des données d'une durée maximale de cinq ans, au-delà desquels l'autorisation vaut également pour tous les autres opérateurs[19]. Celle-ci vise à récompenser l'opérateur qui a soumis à l'appui de son dossier des données qu'il a fallu générer pour des budgets parfois très conséquents –les budgets requis pour effectuer des recherches documentaires en vue de la compilation d'un dossier de notification d'aliment traditionnel sont sans commune mesure avec le coût de réalisation des études permettant une évaluation complète des risques d'un nouvel aliment, et notamment les informations toxicologiques.

La durée des procédures de notification et d'autorisation est fixée par le règlement qui permet en théorie la validation d'une notification dans un délai de cinq mois et l'autorisation d'un nouvel aliment dans un délai compris entre sept et dix-sept mois selon qu'un avis est demandé à l'Agence européenne de sécurité alimentaire ou non. Le respect de ces délais est cependant tributaire de la qualité des données comprises dans les dossiers et de la complexité de l'aliment concerné. À tout moment, l'examen du dossier peut être suspendu par l'Autorité, et des données complémentaires sollicitées du demandeur, ce qui a pour effet d'allonger la durée de la procédure.

---

**19** — Elle est dite « générique », et revêt immédiatement cette caractéristique dans les cas où l'opérateur n'a pas demandé de bénéficier de la protection de ses données ou se l'est vu refusée.

La matérialisation de l'autorisation se traduit par l'inclusion du nouvel aliment dans la « liste communautaire des nouveaux aliments »[20]. Cette liste précise, pour chaque nouvel aliment, sa spécification et, le cas échéant, les conditions dans lesquelles le nouvel aliment peut être utilisé (par exemple, par la définition de niveaux de consommation maximaux et les risques encourus en cas de consommation excessive), certaines exigences particulières en matière d'étiquetage, dans le but d'informer le consommateur final de toute caractéristique ou propriété spécifique de l'aliment concerné, ou encore des exigences en matière de surveillance consécutive à la mise sur le marché du nouvel aliment.

Une dizaine de dossiers de demande d'autorisation d'insectes comme *nouveaux aliments* sont actuellement en cours d'examen par la Commission européenne et l'Agence européenne de sécurité alimentaire, tandis que de nombreux produits sont déjà commercialisés dans les États membres qui jusqu'à l'adoption du règlement de 2015 ont appliqué une politique de tolérance à l'égard des insectes entiers, considérant qu'ils ne tombaient pas sous le champ d'application du règlement de 1997[21].

Quant aux applications de l'agriculture cellulaire, quelques dizaines d'entreprises sont actives aujourd'hui dans la recherche et le développement de techniques de production de protéines à partir de cultures cellulaires d'origine animale, végétale et de micro-organismes. La plupart des types de protéines animales font l'objet de recherche : les chercheurs travaillent aussi bien sur la multiplication de cellules de bœuf que de poulet, de porc, de poisson ou de foie gras de canard[22].

---

20 — À travers des mises à jour du Règlement d'exécution (UE) 2017/2470 de la Commission du 20 décembre 2017 établissant la liste de l'Union des nouveaux aliments conformément au règlement (UE) 2015/2283 du Parlement européen et du Conseil relatif aux nouveaux aliments.

21 — La Belgique, le Danemark, l'Autriche et le Royaume-Uni sont parmi les pays ayant opté pour cette interprétation, tandis que d'autres, comme la France et l'Italie par exemple, ont toujours considéré que les insectes entiers ne pouvaient être mis sur leur marché sans être préalablement couverts par une autorisation comme nouvel aliment.

22 — Une trentaine de sociétés actives dans ce secteur au niveau mondial, parmi lesquelles la pionnière Mosa Meat (Pays-Bas), Aleph Farms (Israël), HigherSteaks (Grande-Bretagne), Memphis Meat (États-Unis), Finless Foods (États-Unis), Just (États-Unis) ou Gourmey (France).

Depuis la présentation très médiatisée du premier hamburger de bœuf en 2013, les annonces de dates de lancement commercial de ce nouveau type de produits se succèdent, tandis que certains chefs se disent d'ores et déjà prêts à servir ce type de viande à leur clientèle. Cependant, au moment d'écrire ces lignes, aucun dossier de demande d'autorisation d'une technique culture cellulaire dérivée d'animaux comme nouvel aliment n'a encore été introduit auprès de la Commission européenne.

L'obtention du sésame communautaire ne sera de toute évidence pas la seule difficulté que ce secteur nouveau devra affronter. L'agriculture cellulaire[23] n'est pas toujours vue d'un œil bienveillant par les secteurs traditionnels. La transformation profonde du mode de production qu'elle implique soulève en tout état de cause des questions particulièrement complexes.

### Mal nommer les choses tout en voulant retirer au malheur du monde ?

Le food design vise parfois à modifier l'apparence des aliments, à jouer avec les textures, les couleurs et les arômes, pour explorer le champ visuel, olfactif ou gustatif. Les objectifs poursuivis peuvent être multiples, mais parmi les tendances de consommation observées actuellement, le food design accompagne l'adhésion de plus en plus large à des régimes végétariens ou végétaliens.

Si ni le végétarisme ni le végétalisme ne font, à ce jour, l'objet d'une définition légale spécifique[24], des outils de certification et autres labels relevant d'initiatives privées sont pourtant bien en place. Nous ne trancherons pas ici le débat visant à savoir si la consommation d'insectes ou de viande cellulaire peut trouver sa place dans un régime végétarien ou végétalien, mais gageons qu'il n'a pas fini de faire couler beaucoup d'encre.

---

**23** — Animale mais aussi végétale.
**24** — Bien que la Commission européenne soit, depuis 2011, habilitée à adopter des mesures définissant les conditions dans lesquelles l'étiquetage des denrées alimentaires peut comporter l'indication de l'acceptabilité d'une denrée alimentaire pour les végétariens ou les végétaliens.

Le développement exponentiel de produits transformés à base de plantes, présentés comme des alternatives végétales à des produits courants, soulève de nombreuses questions aussi. La réglementation impose que l'information sur les denrées alimentaires fournie au consommateur à travers leur étiquetage repose sur des pratiques loyales. Ceci implique notamment que les informations fournies à travers l'étiquetage n'induisent pas le consommateur en erreur, notamment sur les caractéristiques de la denrée alimentaire parmi lesquelles sa nature, son identité, ses qualités ou sa composition.

Sur ce terrain, les tenants de l'agriculture conventionnelle et de ses industries apparentées, et notamment l'industrie laitière, ont déjà fait preuve de leur détermination à protéger la désignation de leurs produits.

Un arrêt de la Cour d'appel de Bruxelles[25] dans le contexte d'un litige entre des acteurs importants du secteur laitier[26] d'une part, et la société Alpro d'autre part, est ainsi venu apporter des précisions quant à l'interprétation à donner à la législation européenne harmonisée en matière d'utilisation des termes « yaourt » et «produit laitier» dans le nom d'un produit alimentaire et dans les communications commerciales.

La réglementation prévoit ainsi, par exemple, que certaines dénominations telles que «yaourt», utilisées à tous les stades de la commercialisation, sont réservées exclusivement aux produits laitiers - étant entendu qu'un «produit laitier» doit être exclusivement dérivé du lait[27], et que, plus fondamentalement, la dénomination «lait» est réservée exclusivement au produit de la sécrétion mammaire normale, obtenu par une ou plusieurs traites, sans aucune addition ni soustraction. Par conséquent, tout produit alimentaire qui porte le nom de « yaourt » doit nécessairement être un produit laitier.

---

**25** — Bruxelles, 10 mars 2015

**26** — La Confédération belge de l'industrie laitière, Danone, Frieslandcampina et Milcobel.

**27** — Étant entendu en outre que les substances nécessaires à sa fabrication peuvent être ajoutées à condition que ces substances ne soient pas utilisées pour remplacer, en tout ou en partie, tout constituant du lait.

Alpro utilisait les mots « lait » et « yaourt » dans les communications commerciales concernant ses produits à base de soja et d'autres ingrédients végétaux tels que l'amande, la noisette, la noix de coco, le riz et l'avoine, et la Cour d'Appel a considéré que cela n'était pas conforme à la réglementation. Alpro a vainement invoqué une dérogation prévue par la réglementation qui permet la désignation d'un produit du nom d'un produit laitier lorsque la nature exacte du produit ressort clairement de l'usage traditionnel, ou lorsque les désignations sont clairement utilisées pour décrire une qualité caractéristique du produit. Alpro tentait de faire valoir dans son argumentation qu'elle pouvait recourir à l'exception pour avoir le droit de déclarer que ses produits ne sont ni des « yaourts » ni des « produits laitiers », mais la Cour n'a pas suivi ce raisonnement.

Fait intéressant, parmi les preuves factuelles avancées par les demandeurs, la Cour a rejeté le fait que le type d'emballage utilisé par Alpro était très similaire (pour ne pas dire identique) à celui utilisé par le secteur laitier pour l'emballage des produits laitiers. La Cour a considéré que le type d'emballage utilisé était très courant et que cet élément n'était pas pertinent pour apprécier le caractère trompeur des communications d'Alpro.

Sur le même sujet, le Tribunal de l'Union européenne[28] a décidé qu'une désignation de spécialité traditionnelle garantie[29] ne peut être obtenue lorsque l'enregistrement serait en conflit avec d'autres règles d'étiquetage des produits. Le cas d'espèce concernait un produit tchèque traditionnel pour lequel une désignation STG comme «beurre à tartiner» avait été demandée, mais dont la nature et la composition ne remplissaient pas les conditions d'utilisation de la dénomination de vente « beurre ».

Ces jurisprudences ont également été confirmées par la Cour de Justice de l'Union européenne dans le cadre de l'examen d'une question posée par une juridiction allemande concernant des produits à base de soja désignés par des noms tels que « fromage végétal » ou encore «beurre de tofu». Dans ce cas aussi,

---

**28** — Dans un jugement rendu en 2015 dans l'affaire T-51/14, *République tchèque c. Commission européenne*.
**29** — Les spécialités traditionnelles garanties [«STG»] sont une des trois catégories de protections de désignations d'origine organisées par la législation européenne. Les deux autres sont les (souvent mieux connues) appellations d'origine protégées [«AOP»] et indications géographiques protégées [«IGP»].

il a été jugé par la Cour[30] que la réglementation alimentaire s'oppose à ce que la dénomination « lait » et les dénominations que ce règlement réserve uniquement aux produits laitiers soient utilisées pour désigner, lors de la commercialisation ou dans la publicité, un produit purement végétal, et ce même si ces dénominations sont complétées par des mentions explicatives ou descriptives indiquant l'origine végétale du produit en cause.

Des questions similaires se posent pour les alternatives végétales à la viande, souvent désignées sous des termes usuels tels que «burger». Aux États-Unis, le sujet fait l'objet d'une véritable guérilla, de nombreux États ayant récemment promulgué des législations interdisant la commercialisation de produits en tant que «viande» s'ils ne sont pas issus de bétail ou de volaille. Ces résistances ne manquent pas de générer des situations paradoxales dès lors que de nombreux produits, au premier rang desquels l'»Impossible Burger», ont été conçus de façon à imiter la viande de la façon la plus ressemblante possible, sang [végétal et, au demeurant, produit à partir de levures génétiquement modifiées] à l'appui.

Le même débat s'annonce en ce qui concerne la viande cellulaire. En effet, la réglementation ne permet de désigner comme *viandes* dans l'étiquetage que *les muscles squelettiques des espèces de mammifères et d'oiseaux, qui sont reconnues aptes à la consommation humaine, avec les tissus qui sont naturellement inclus ou adhérents*. Les règles d'hygiène applicables aux denrées alimentaires d'origine animale définissent les viandes comme *les parties comestibles des animaux*. L'application stricte de ces définitions à la viande cellulaire est impossible, et se pose dès lors la question de la nécessité ou non d'adapter les définitions, ou de définir d'autres moyens pertinents pour informer le consommateur au sujet de la nature des denrées qui lui sont proposées.

---

**30** — C.J.U.E., 14 juin 2017, *Verband Sozialer Wettbewerb c. TofuTown.com GmbH*, Affaire C-422-16.

**Food design et nutrition personnalisée**

De nombreux projets de food design témoignent ou s'inscrivent dans la tendance à une personnalisation toujours plus poussée des produits alimentaires. L'impression d'étiquettes nominatives sur des bouteilles de soda ou des pots de pâte à tartiner n'est que la préfiguration élémentaire des possibilités que l'on peut entrevoir déjà, d'accéder à des produits formulés selon les envies ou les besoins du consommateur.

Les méthodes les plus avancées de personnalisation de l'alimentation reposent sur l'exploitation de données physiques et physiologiques. La mise en œuvre de ces nouvelles offres requiert donc de se conformer à la réglementation applicable au traitement des données personnelles. Qui plus est, la plupart des données pertinentes pour l'élaboration de produits alimentaires personnalisés ou de recommandations personnalisées de prise de compléments alimentaires relèvent de la catégorie des données liées à la santé, telles que des données physiques, à des données relatives au mode de vie voire, dans le cas des solutions les plus avancées, aux données génétiques, épigénétiques ou relatives au microbiome. Ces données bénéficient d'un régime de protection particulièrement strict compte tenu de leur sensibilité, ce qui implique pour les opérateurs qui les traitent la mise en place de mesures techniques et organisationnelles spécifiques. Dans ce contexte, les entreprises et les exploitants du secteur alimentaire endossent le rôle et assument les responsabilités de responsables du traitement des données personnelles concernées. Ces rôles nouveaux ne s'improvisent pas, les sanctions pouvant être infligées en cas de mésusage de données personnelles étant particulièrement dissuasives.

Parallèlement à la création de produits personnalisés, d'autres projets concernent le développement d'objets connectés, destinés à accompagner le consommateur dans les rayons des supermarchés et à l'orienter vers certaines catégories ou sous-catégories de produits en fonction de paramètres liés à sa santé ou à son génome. Les questions éthiques que soulève l'utilisation de données génétiques à des fins de recommandations alimentaires ou de santé font désormais partie du cadre de réflexion et d'analyse de l'industrie alimentaire.

### Demain tous éleveurs-cueilleurs 2.0 ?

Le développement de nombreuses nouveautés dans les applications domestiques de production alimentaire questionne lui aussi la réglementation actuellement applicable. En effet, si cette réglementation s'applique à toutes les étapes de la production, de la transformation et de la distribution des denrées alimentaires («de la fourche à la fourchette» selon l'expression consacrée), elle ne s'applique cependant pas à la production primaire destinée à un usage domestique privé, ni à la préparation, la manipulation et l'entreposage domestiques de denrées alimentaires à des fins de consommation domestique privée.

À cet égard, il est permis d'observer que la réglementation est bien le reflet de l'époque qui la voit naître et que son obsolescence est inéluctable, au gré des évolutions techniques, scientifiques et des habitudes de consommation. Si ce constat relève de l'évidence, les conséquences qu'il convient d'en tirer et l'attitude qu'il convient d'adopter à la suite de ce constat, l'est beaucoup moins. La production domestique telle qu'elle se concevait lors de l'élaboration de la législation alimentaire générale s'entendait du carré potager, du verger privé et de la cuisine familiale, et non de l'utilisation d'outils plus perfectionnés tels que des dispositifs d'élevage d'insectes[31], d'imprimantes 3D ou de photobioréacteurs autonomes[32].

De méthodes de fabrication industrialisées à petite, moyenne ou grande voire très grande échelle, dont les produits sont standardisés et aussi uniformes que possible, on observe dans des segments de plus en plus nombreux le passage vers, ou parfois le retour à, une production plus locale, voire individuelle, d'une offre de produits toujours plus personnalisés. Mais en proposant ainsi des solutions qui autonomisent les consommateurs à l'égard de leur alimentation, en leur permettant aujourd'hui de produire certains types d'algues comme la spiruline ou des variétés d'insectes comme les vers de farine, et demain peut-être des produits plus complexes au moyen d'outils toujours plus sophistiqués mettant en œuvre notamment les techniques d'impression 3D[33], c'est le système de production alimentaire lui-même que le food design remet en question.

---

31 — La start-up Livin Farms développe plusieurs produits de ce type.
32 — Comme celui développé par Microspir, une spin-off de l'Université de Liège, qui permet de cultiver chez soi de la spiruline fraîche.
33 — Le recours à l'impression 3D est aussi promis à un essor grandissant à l'échelle industrielle, par exemple dans le domaine des alternatives végétales aux produits carnés, auxquelles il permet de donner des textures proches de celles de ces derniers.

## Conclusion

La complexification croissante de la réglementation alimentaire n'est de toute évidence pas un rempart à l'innovation, même si elle en conditionne les modalités d'accès au marché. Ceci est particulièrement vrai dans l'Union européenne, dont les procédures d'approbation –lorsqu'elles existent– sont souvent exigeantes et longues, et requièrent des investissements parfois lourds.

Par ailleurs, lorsqu'une innovation est tellement disruptive qu'elle ne s'accommode pas, voire pas du tout, des catégories réglementaires existantes, alors se fait jour la nécessité de modifier le cadre ou d'en redessiner les contours, ce qui implique de supporter les aléas et quelquefois les vicissitudes du parcours législatif et institutionnel.

Multiforme et touchant à une myriade de facettes de l'alimentation, l'objet «food design» ne se laisse pas saisir facilement par le droit, mais il interroge les définitions et les limites des cadres réglementaires établis et par là-même, sa démarche participe aux réflexions et aux débats qui entourent leur évolution.

Jouer les oracles est souvent un rôle de composition pour le juriste, mais les précédents et les casus jurisprudentiels constituent dans l'accompagnement des solutions innovantes des outils d'interprétation précieux, dans la mesure où ils aident à anticiper les écueils et à concevoir des stratégies d'accès au marché en phase avec les projections et les aspirations de leurs porteurs.

Quant à la « Mange-machine » de Barjavel[34], sensée produire des produits alimentaires à partir d'une supposée « énergie universelle », elle restera sans doute encore un moment dans le registre de la science-fiction, encore que quelques entreprises semblent s'en inspirer en se lançant dans la production de protéines à partir de rien (ou presque)[35].

---

**34** — Dans son roman *La nuit des temps*, paru en 1968.
**35** — Solar Foods en Finlande et NovoNutrients en Californie font partie de ces pionniers.

# European food regulations and food design

## Nicolas Carbonnelle, lawyer

*"Food is the bedrock of a community, a history and a present, but it also gives us a glimpse into our future."*
Olivier Roellinger

*"The art of food has more rules than the art of poetry."*
Jean-Paul Branlard

Food innovation and food design are expressed in different ways, and it is a good idea to question the way the law understands them. As a legal practitioner well-versed in European agri-food regulations, I advise a wide range of clients, whose activities always include an element of food design, even if it is rarely referred to as such. It sometimes manifests itself in the way food is produced, sometimes in its ingredients or how it looks, and sometimes in the way that it is presented to consumers.

Food design is not regulated as a discipline; it is its applications that pit the food designer[1], whose ambition goes beyond technical or artistic performance, against food regulations.

However, law is never far away, and at the very least it defines the object (or purpose) of food design: the definition of "food", according to European regulations, is "*any substance or product, whether processed, partially processed or unprocessed, intended to be, or reasonably expected to be ingested by humans.*"[2] This term, the lawmakers specify, covers "*drink, chewing gum and any substance, including water, intentionally incorporated into the food during its manufacture, preparation or treatment.*"[3]

---

1 — Whether an individual or a company.
2 — Regulation (EC) No 178/2002 of the European Parliament and of the Council of 28 January 2002 laying down the general principles and requirements of food law, establishing the European Food Safety Authority and laying down procedures in matters of food safety (which we will hereinafter refer to as "general food legislation"), article 2.
3 — Ibidem.

Wanting human beings to ingest any substance or product demands that this substance or product complies with the rules of food regulations[4]. Since it involves thinking about the composition or presentation of a product or how it is produced or consumed, food design therefore inevitably involves taking the regulatory framework into account – even if this is to identify any aspects of it that require adjustments.

Food regulations, in all of their different dimensions, in fact focus on the properties of foods intended for human consumption, and define the specifications that they must respect[5] as much as they govern the way they are presented to consumers[6].

But law by its nature evolves, and the proliferation of regulations that we have seen in recent decades, especially when it comes to food, is, in the main, never more than just a mirror (sometimes a distorting one) of scientific and technical progress, as well as of sociological developments that result in changes to consumers' preferences.

In addition, there is no doubt that the law always lags behind science and technology to some extent. However, as they constitute a finite domain, made up of horizontal and vertical rules, definitions and principles with a specific scope in space and time, to some extent the law and regulations shape the capacity for innovation to appear on our plates. Observing and working alongside innovative projects makes this clear.

For their part, innovators need to be constantly reassessing the balance between keeping their know-how confidential, in order to guarantee the most sustainable, effective protection, and sharing their knowledge enough to encourage changes to the regulatory framework where necessary. On this point,

---

4 — Products and substances intended to be animal food are also subject to specific rules, which do not however fall under the scope of our analysis.

5 — In particular this involves detailed rules about food hygiene, as well as a specific framework relating to organic production.

6 — Food presentation is a relatively broad notion, which covers, among other things, the form and aspect of food, their packaging, the packaging material used, the way they are arranged and the environment in which they are displayed. We will later come back to some other provisions of Regulation (EU) No 1169/2011 of the European Parliament and of the Council of 25 October 2011 on the provision of food information to consumers ("INCO Regulation").

there is no doubt that it is economic operators who co-write the regulations by feeding into the decision-making process; the competent authorities, led by the lawmakers, have the vital task of making sure that changes comply with the fundamental principles that underpin the regulatory framework.

Today, the majority of food regulations are defined at a European level, even though the implementation of the regulations, their administrative oversight and ensuring the compliance of products remain for the main part the responsibility of national authorities.

The founding objectives pursued by European food regulations include a high level of health protection, the confidence of consumers and other stakeholders and commercial partners in the decision-making process when it comes to food legislation, and the consistent existence of scientific foundations for food legislation and the decisions taken by virtue of it[7]. These objectives result in significant regulatory standardisation, allowing smooth interaction between Member States.

### Innovations relating to the nature of foods and technological innovations

Introducing novelty to our tables involves more than securing support from consumers. Acceptance of exotic foods or food products with unusual ingredients or production methods sometimes involves cultural difficulties, but convincing consumers to introduce new animal products to their diets, like insects, or foods produced using innovative methods, like cultured meat[8], is not the only difficulty that stakeholders must overcome.

Since 1997, the European Union has had a specific regulatory framework for "novel foods". The two examples mentioned above, insects and cultured meat, are not chosen by chance. Not only do these categories of products enjoy a relatively high profile in the news, grabbing attention because they bring with them the promise of food production methods with a much smaller ecological impact than conventional production methods for animal proteins, but they also help to illustrate the extent to which innovation and regulations evolve together.

---

7 — General food legislation, paragraph 9 of the recitals.
8 — An interesting read will be Paul Shapiro's *Clean meat. How growing meat without animals will revolutionize dinner and the world*, Gallery books, New York, 2018. It will be translated into French in 2019 and published by Luc Pire.

So when the first European regulation on novel foods was adopted in 1997[9], the consumption of whole insects by European consumers had hardly ever been discussed, and cultured meat techniques were not yet regarded as a realistic prospect when it came to producing animal or plant products intended for human consumption.

The regulation defined as "novel foods" and "novel food ingredients", foods and food ingredients that had hardly ever been consumed by humans within the European Community when the regulation came into force[10] and that also came under specific categories, namely: genetically modified organisms and foods and ingredients containing genetically modified organisms, foods and food ingredients produced from, but not containing, genetically modified organisms, foods and food ingredients with a new or intentionally modified primary molecular structure, foods and food ingredients consisting of or isolated from micro-organisms, fungi or algae, foods and food ingredients consisting of or isolated from plants and food ingredients isolated from animals, except for foods and food ingredients obtained by traditional propagating or breeding practices and having a history of safe food use, and lastly, foods and food ingredients to which has been applied a production process not currently used, where that process gives rise to significant changes in the composition or structure of the foods or food ingredients which affect their nutritional value, metabolism or level of undesirable substances.

Cell cultures might have been regarded as falling into the category of foods and food ingredients to which has been applied a production process not currently used, even though this description could have posed difficulties. This question did not however need to be examined, as European lawmakers rewrote the regulation on novel foods in 2015[11]. At this time, a number of new categories of novel foods were specifically stipulated, including that of "*food consisting of, isolated from or produced from cell culture or tissue culture derived from animals, plants, micro-organisms, fungi or algae*", thus placing cultured meat within the scope of the regulation on novel foods.

---

**9** — Regulation (EC) No 258/97 of the European Parliament and of the Council of 27 January 1997 concerning novel foods and novel food ingredients.
**10** — So 15 May 1997.
**11** — Regulation (EU) 2015/2283 of the European Parliament and of the Council of 25 November 2015 on novel foods. This regulation repeals the 1997 regulation.

As far as whole insects are concerned, the legal debate was more heated, which can be attributed to the fact that the insect production sector was more mature than that of cultured foods before the new regulation was adopted. As indicated above, although the regulation specifically referred to[12] "*foods and food ingredients consisting of or isolated from plants*", when it comes to animal products, the regulation only stipulated "*food ingredients isolated from animals*". So no mention of foods or ingredients "consisting of animals". As the law does not recognise a vacuum, the question was soon raised about whether whole insects should or should not be regarded as novel foods.

The 2015 regulation put an end to any uncertainty by specifically stipulating that its provisions apply to whole insects[13]. The question around the status of whole insects marketed before the 2015 regulation came into force will soon be settled by the Court of Justice of the European Union[14].

The implications of the description of a product as a "novel food" are far from being merely anecdotal: while most conventional foods are put on the market under the sole responsibility of the economic operator (but under the supervision of the competent authorities), "novel foods" are governed by a very different system: they must be covered by authorisation granted before they are put on the market[15].

---

**12** — Excluding however foods and food ingredients obtained using traditional multiplication or reproduction methods, with a safe history as far as their use as food is concerned.

**13** — Paragraph 8 of the recitals of the 2015 regulation mentions them explicitly in the following terms: "*it is appropriate to review, clarify and update the categories of food which constitute novel foods. Those categories should cover whole insects and their parts.*"

**14** — A preliminary question was put by the French Council of State to the Court of Justice of the European Union in July 2019, specifically to determine whether the definition provided by the 1997 regulation on novel foods should be interpreted as including within its scope foods consisting of whole animals intended to be eaten as such or would only apply to food ingredients isolated from insects. The point of this question affects businesses that, before the 2015 regulation came into force (in other words on 1 January 2018), were already marketing whole insects intended for human consumption. As long as the relevant national authorities also considered that whole insects did *not* fall within the scope of the 1997 regulation, these businesses could benefit from a transition period, allowing them to continue to market their products, without being covered by authorisation for a new food, even though the new regulation had come into force.

**15** — While the procedure that needs to be followed and the requirements for the application are substantially different from those described for "novel foods", a prior authorisation mechanism also applies to certain types of food ingredients, namely additives, enzymes, flavourings and extraction solvents. Only substances specifically authorised to this effect can be used in foods. It is not always easy to determine whether a given substance does or does not need to be covered by prior authorisation, and the same goes for the legality of its use.

As the authorisation process is long and potentially expensive, depending on how much data is available about the novel food, the regulation stipulates that an operator who is not certain of the "novel food" status of the product that it intends to market can follow a procedure to determine the novel food status[16], which provides an official indication of the definition to be used. If the "novel food" status is chosen, the operator will have to follow an approval procedure for the novel food or "novel food ingredient".

Essentially, the regulation stipulates that a novel food can only be authorised if three conditions are all met[17]. Firstly, the food does not, on the basis of the scientific evidence available, pose a safety risk to human health. Then, the food's intended use does not mislead the consumer, especially when the food is intended to replace another food and there is a significant change in the nutritional value. Lastly, where the food is intended to replace another food, it does not differ from that food in such a way that its normal consumption would be nutritionally disadvantageous for the consumer.

Those applying for authorisation must provide supporting documents for their application demonstrating that the novel food that they have discovered or developed meets these conditions.

There are two procedures, namely notification and authorisation[18].

Notification only applies to traditional foods originating from countries outside the European Union, such as for example exotic fruits that had not been consumed in Europe before 15 May 1997. While this procedure is relatively less onerous than the authorisation procedure, and while (in theory) at least it takes less time, it does however present the disadvantage of not allowing the applicant to benefit from the exclusivity of the data submitted supporting the application. In other words, once notification is complete, it immediately benefits all economic operators, without them needing to do anything within the framework of the "novel foods" regulation.

---

16 — Organised by article 4 of the 2015 regulation.

17 — Defined in article 7 of the 2015 regulation.

18 — These two procedures are carried out by the European Commission, while the 1997 regulation outlined just one authorisation procedure, which needed to be carried out by national authorities. The lawmaker's goal was to overcome the difficulties associated with differences of opinion between national authorities regarding the "novel food" status and centralise the scientific assessment of applications under the European Food Safety Authority.

This procedure resulted in authorisation for the novel food as soon as the notifying party can demonstrate the safety of the food in question based on data relating to its composition and the experience that can be drawn from its continuous use for at least twenty-five years in the customary diet of a significant number of people in at least one third country. If this cannot be demonstrated, or if reasonable safety objections are raised by a Member State or the European Food Safety Authority, the notification is rejected, but the applicant may, if applicable, submit an application for authorisation in which it responds to the objections raised.

For its part, the authorisation procedure offers a maximum period of five years during which the data is protected, and after which the authorisation is also valid for all other procedures[19]. This is designed to reward operators who submit data with their application, which sometimes requires very significant budgets – budgets required to carry out documentary research to put together a notification application for a traditional food are disproportionate to the cost of carrying out studies allowing a full assessment of the risks of a novel food, including in particular toxicology information.

The duration of the notification and authorisation procedures is set by the regulation, which in theory means that notification can be approved within five months and authorisation for a novel food within between seven and seventeen months, depending on whether or not the European Food Safety Authority is asked to give its opinion. Meeting these deadlines does however depend on the quality of the data contained in the applications and the complexity of the food in question. Examination of the application can be suspended by the Authority at any time, and the applicant asked for additional information, which will extend the length of time the procedure takes.

The authorisation is formalised by the inclusion of the novel food in the "Community list of novel foods"[20]. For each novel food, this list stipulates its specification and, if applicable, the conditions in which the novel food can be used (for example, by defining the maximum consumption levels and the risks

---

19 — It is referred to as "generic", and takes on this characteristic immediately in cases where the operator has not asked to enjoy protection for its data or it has been refused.

20 — Over the course of updates to the Commission Implementing Regulation (EU) 2017/2470 of 20 December 2017 establishing the Union list of novel foods in accordance with Regulation (EU) 2015/2283 of the European Parliament and of the Council on novel foods.

involved in the event of excessive consumption), certain specific requirements in terms of labelling, in order to inform the end consumer of any specific property or characteristic of the food in question, or requirements in terms of monitoring after the novel food has been put on the market.

Ten or so authorisation applications for insects as novel foods are currently being looked at by the European Commission and the European Food Safety Authority, while many products are already being marketed in Member States which, until the 2015 regulation was adopted, applied a policy of tolerance in relation to whole insects, in view of the fact that they did not fall under the scope of the 1997 regulation[21].

As far as the applications of cellular agriculture are concerned, a few dozen business are currently actively involved in researching and developing techniques for producing proteins from cellular cultures from animals, plants and micro-organisms. Most kinds of animal proteins are the subject of research: researchers are also working on multiplying cells from beef as well as chicken, pork, fish and duck foie gras[22].

Since the extensive media coverage of the introduction of the first beef hamburger in 2013, announcements of commercial launch dates for this new kind of product have come along thick and fast, while some chefs say that they are now ready to serve this kind of meat to their customers. However, at the time of writing, no application for authorisation for an animal-derived cellular culture technique as a novel food has been submitted to the European Commission.

Obtaining the go-ahead from Europe is clearly not the only obstacle that this new sector needs to overcome. Cellular agriculture[23] is not always looked on favourably by traditional sectors. In any case, the profound transformation of production methods that it implies raises particularly complex questions.

---

21 — Belgium, Denmark, Austria and the United Kingdom are among the countries that opted for this interpretation, while others, like France and Italy for example, have always felt that whole insects could not be put on the market without first being authorised as a novel food.

22 — Thirty or so companies working in this field around the world, including the pioneer MosaMeat (Netherlands), Aleph Farms (Israel), HigherSteaks (Great Britain), Memphis Meat (United States), Finless Foods (United States), Just (United States) and Gourmey (France).

23 — Animal but also vegetable.

### Calling things the wrong name, whilst trying to move away from the evils of the world?

Food design sometimes tries to modify the appearance of food, to play with textures, colours and smells, to explore the visual, olfactory or taste possibilities. The goals may be multiple, but food design goes hand-in-hand with the growing popularity of vegetarian and vegan diets, among some other consumer trends currently being observed.

While vegetarianism and veganism are not currently the subject of a specific legal definition[24], certification tools and other labels introduced by private initiatives are indeed in place. We will not settle the debate about whether consuming insects or cultured meat can find its place in a vegetarian or vegan diet here, but we bet that there is still a huge discussion to be had over this point.

The exponential development of processed plant-based products, presented as plant-based alternatives to common products, also raises many questions. Regulations demand that information about foods provided to the consumer via their labels is based on fair practice. In particular, this implies that the information provided via labels do not mislead the consumer, particularly when it comes to the characteristics of the food including its nature, identity, qualities or composition.

In this area, supporters of conventional agriculture and its associated industries, and the dairy industry in particular, have already demonstrated their determination to protect the way their products are described.

A decree issued by the Brussels Court of Appeal[25] within the context of a dispute between some major players in the dairy industry[26] on the one hand, and the company Alpro on the other, clarified the interpretation that should be given to standardised European legislation on the use of the words "yoghurt" and "dairy product" in the name of a food product and in marketing material.

---

**24** — Although the European Commission has been authorised, since 2011, to adopt measures to define the conditions in which food labels can include an indication of whether a food is acceptable to vegetarians or vegans.
**25** — Brussels, 10 March 2015,
**26** — The Confédération belge de l'industrie laitière, Danone, Frieslandcampina and Milcobel.

Thus the regulations stipulate that some names like "yoghurt", used at all stages of the marketing process, are exclusively reserved for dairy products - it being understood that a "dairy product" must exclusively be derived from milk[27], and that, more fundamentally, the name "milk" is exclusively reserved for the product of normal mammary secretion, obtained by one or more milkings, without any additions or extractions. As a result, any food product that includes the name "yoghurt" must be a dairy product.

Alpro was using the words "milk" and "yoghurt" in its marketing material for its products made with soya and other plant ingredients such as almond, hazelnut, coconut, rice and oats, and the Court of Appeal felt that this did not comply with the regulations. Alpro unsuccessfully referred to an exemption provided for by the regulations, which allowed operators to give a product the name of a dairy product when the exact nature of the product clearly came from traditional usage, or when the names were clearly used to describe a characteristic quality of the product. Alpro tried to assert in its argument that it could make use of the exception to be entitled to declare that its products were neither "yoghurts" not "dairy products", but the Court did not follow this reasoning.

It is interesting that, among the factual proofs put forward by the plaintiffs, the Court rejected the fact that the type of packaging used by Alpro was very similar (not to say identical) to that used by the dairy sector to package dairy products. The Court felt that the type of packaging used was very common and that this element was not relevant when it came to assessing the misleading nature of Alpro's marketing.

On the same subject, the Court of Justice of the European Union[28] decided that a traditional speciality guaranteed label[29] cannot be granted when registration would be in conflict with other product labelling rules. This case regarded a traditional Czech product for which a TSG label "spreadable butter" had been applied for, but the nature and composition of which did not meet the conditions for using the name "butter".

---

**27** — It also being understood that substances needed for its manufacture may be added as long as these substances are not used to replace any constituent of the milk, in full or in part.

**28** — In a judgement issued in 2015 in case T-51/14, *Czech Republic v. European Commission*.

**29** — Traditional speciality guaranteed ["TSG"] is one of three categories of protection of designation of origin organised by European legislation. The two others (often better known) are the "appellation d'origine protégées" ["AOP"] and "indicazione geografica protetta" ["IGP"].

These examples of case law were also confirmed by the Court of Justice of the European Union within the context of the analysis of a question raised by a German jurisdiction regarding soya-based products with names like "plant cheese" and "tofu butter". In this case too, the Court ruled[30] that food regulations preclude the name "milk" and the names that this regulation reserves exclusively for dairy products from being used to refer to a purely plant-based product in marketing or advertising, even if these names are expanded upon using explanations or descriptions indicating the plant-based origin of the product at issue.

Similar questions are asked about plant alternatives to meat, often referred to with common words like "burger". In the United States, the issue is the subject of some kind of guerilla warfare, with many States recently enacting legislation prohibiting the marketing of products as "meat" if they do not come from cattle or poultry. This kind of resistance cannot fail to cause paradoxical situations, as many projects, led by the "Impossible Burger", have been designed to imitate meat as closely as possible, with blood (plant-based and, as it happens, produced from genetically modified yeast) to make it more realistic.

The same debate is starting around cultured meat. Indeed, regulations only let labels use the word "meat" for "*skeletal muscles of mammalian and bird species recognised as fit for human consumption with naturally included or adherent tissue*". The hygiene rules applicable to animal-based foods define meat as "*the edible parts of animals*". The strict application of these definitions to cultured meat is impossible, and so this raises the question of whether or not definitions need to be adapted, or whether or not other relevant methods should be defined to inform consumers about the nature of the food that they are offered.

---

**30** — C.J.E.U., 14 June 2017, *Verband Sozialer Wettbewerb v. TofuTown.com GmbH*, Case C-422-16.

**Food design and personalised nutrition**

Many food design projects demonstrate or fit in with the growing trend of personalising food products. Printing name labels on fizzy drink bottles or jars of spread is just the first hint of the possibilities we can already get a glimpse of when it comes to having access to products formulated to suit the desires or needs of the consumer.

The most advanced methods of personalising food are based on the use of physical and physiological data. The introduction of these new possibilities therefore needs to comply with the regulations applicable to processing personal data. What is more, most relevant data for producing personalised food products or personalised recommendations for food supplements come under the category of data connected to health, such as physical data, data relating to lifestyle and even, in the most advanced solutions, genetic, epigenetic data and data relating to the microbiome. This data enjoys a particularly strict protection regime given its sensitivity, which means that those that process it must put in place specific technical and organisational measures. Within this context, businesses and operators in the food sector take on the role and assume the responsibilities of data controllers for the personal data in question. These new roles cannot be improvised, as the sanctions that can be imposed if personal data is misused are harsh enough to dissuade you from taking any risks.

Alongside the creation of personalised products, other projects relate to developing smart objects, intended to accompany the consumer down supermarket aisles and steer them towards certain categories or sub-categories of products according to parameters connected to their health or their genome. The ethical questions that the use of genetic data for the purpose of food or health recommendations raise are now part of the framework of consideration and analysis for the food industry.

### Will everyone be a farmer-gather 2.0 in the future?

The development of a large number of innovations in the domestic applications of food production raises questions about the regulations that are currently applicable as well. Indeed, while these regulations apply to all the stages of food production, processing and distribution ["from farm to fork" as the expression goes], they do not however apply to primary production intended for personal domestic use, or to the domestic preparation, handling and storage of food for the purposes of personal domestic consumption.

On this point, we might observe that regulations are indeed a reflection of their time, and that their obsolescence is inevitable, as technical and scientific developments come along and consumer habits evolve. While this observation is clear, the consequences that should be drawn from it and the attitude we should adopt in light of it are much less obvious. Domestic production as it was regarded when general food legislation was drawn up, meant the vegetable garden, the private orchard and the family kitchen, not the use of more advanced tools like insect breeding systems[31], 3D printers and standalone photobioreactors[32].

From industrial manufacturing methods on small, medium, large and even huge scales, where the resulting products are standardised and as uniform as possible, we are increasingly seeing a move towards, or sometimes a return to, more local and even individual production of a range of more and more personalised products. But by offering solutions that empower consumers when it comes to their food, by allowing them to produce certain kinds of algae like spirulina, or varieties of insects like mealworms today, and perhaps tomorrow more complex products, using increasingly sophisticated tools that use, among other things, 3D printing[33], it is the food production system itself that food design calls into question.

---

31 — The start-up LivinFarms develops several such products.
32 — Like the one developed by Microspir, a spin-off of the University of Liège, which lets people grow fresh spirulina at home.
33 — The use of 3D printing is also likely to enjoy a growing boom on an industrial scale, for example in the field of plant-based alternatives to meat products, which can be given similar textures to meat.

### Conclusion

The growing complexity of food regulations is clearly not helpful for innovation, even though it influences how they come on to the market. This is particularly true in the European Union, where the approval procedures - where they exist - are often demanding and long-winded, and require sometimes considerable investments.

In addition, when an innovation is so disruptive that it does not adapt very well, if at all, to existing regulatory categories, then the framework needs to be changed, or its outlines need to be redefined, which involves putting up with the vagaries and sometimes the vicissitudes of the legislative and institutional process.

Multifaceted and related to all sorts of different aspects of food, the subject of "food design" is not easily tamed by law, but it asks questions about the definitions and limitations of the regulatory frameworks that have been established and thereby contributes to the thought processes and debates surrounding their evolution.

Trying to predict the future is often one of the lesser recognised roles of legal practitioners, but precedent and jurisprudence are valuable interpretation tools when it comes to looking at innovative solutions, insofar as they help to anticipate pitfalls and come up with strategies for accessing the market in step with their supporters' projections and aspirations.

As for Barjavel's "Mange-machine" or food machine[34], which is supposed to produce food products from a hypothetical "universal energy", it will undoubtedly remain within the realm of science fiction for a while yet, even though some companies seem to be taking inspiration from it and are starting to produce proteins from nothing (or almost nothing)[35].

---

**34** — In his novel "The Ice People", published in 1968.
**35** — olar Foods in Finland and NovoNutrients in California are among these pioneers.

# Bibliographie / Bibliography

— Jean-Paul Ameline, André Kamber, Hans Saner, Musée national d'art moderne, *Petit lexique sentimental autour de Daniel Spoerri,* Editions du Centre Pompidou, Paris, 1990.

— Françoise Bonnefoy, *Restaurant Spoerri : maison fondée en 1963,* Éditions du Jeu de Paume, Paris, 2002.

— Claudia Banz, Sabine Schulze, *Food Revolution 5.0,* cat. expo., Museum für Kunst und Gewerbe Hamburg [19 mai- 29 octobre 2017], Hambourg, 2017.

— Marc Bretillot et Thierry de Beaumont, *Culinaire Design,* Editions Alternatives, Paris, 2010.

— Marc Bretillot et Thierry de Beaumont, *Design Culinaire : le manifeste,* ESAD de Reims et la Direction de la Culture de la Ville de Reims, 2004.

— *Stéphane Bureau, Tool's Food,* cat. expo., Galerie Fraich'Attitude, Paris [23 février- 12 mai 2007], Paris, 2007.

— Cécile Cau et Stéphane Bureaux, *Design Culinaire, Editions Eyrolles,* Paris, 2011.

— Catherine Flood et May Rosenthal Sloan, *Food bigger than the plate,* cat. expo., Victoria & Albert Museum, Londres [18 mai – 20 octobre 2019], V&A Publishing, Londres, 2019.

— CSigfried Giedon, *Mechanization Takes Command, A Contribution to Anonymous History*, New York, Oxford University Press, 1948.

— Martí Guixé, *Food designing*, Corraini Edizioni, 2015.

— Martin Hablesreiter et Sonja Stummerer, *Food design XL*, Springer -Verlag, Vienne, 2010.

— Diane Leclair Bisson, *Comestible – L'aliment comme matériau,* Les éditions du passage, Québec, 2009.

— Giovanni Listo, *Le Futurisme,* Editions Pierre Terrail, Paris, 2001.

— Filippo Tommaso Marinetti et Fillia, *La cuisine futuriste,* traduit et présenté par Nathalie Heinich, Editions A. M. Métailié, Paris, 1982.

— Carlo Petrini, Alice Waters, *Slow Food - Manifeste pour le goût et la biodiversité : La malbouffe ne passera pas !,* Ed. William McCuaig, 2001.

— Hervé This, *De la science aux fourneaux,* éditions Belin-Pour la Science, 2007.

— Marije Vogelzang, *Eat Love. Food concepts by eating designer*, BIS Publishers, Amsterdam, 2010.

— Jorg Zipprick, *Les dessous peu appétissants de la cuisine moléculaire,* Éditions Favre SA Lausanne, 2009.

## Articles

— CSERGO Julia, *L'art culinaire ou l'insaisissable beauté d'un art qui se dérobe. Quelques jalons* (XVIII^e-XXI^e siècle)**,** Sociétés & Représentations, 2012/2 (n° 34), p. 13-36.

— Shankar, Maya U., Carmel A Levitan, John Prescott and Charles Spence. The *Influence of Color and Label Information on Flavor Perception.* Chemosensory Perception 2 (2009): 53-58.

— Marinella Ferrara et Sonia Massari, *Evoluzione del concept food design: intersezioni storiche tra cibo*, design e cultura alimentare occidentale, sur le site Associazone Italiana del design, http://www.aisdesign.org/aisd/evoluzione-del-concept-food-design

## Films et emissions TV

— *Envoyé spécial - Un monde sans viande ?*, magazine d'information, Vincent Manniez et Stéphane Gillot, France 2, diffusion 07/11/2019, 112min.

— *Food design – The film*, Nikolaus Geyrhalter, Wolfgang Widerhofer, Markus Glaser, Michael Kitzberger & Martin Hablesreiter, 2009, Court métrage/Documentaire, 52 min.

— *Food, Inc.*, Robert Kenner, Magnolia Pictures, 2008, film documentaire, 1h38.

— *La révolution des chefs*, Nicolas Chatenier et Olivier Mille, France 2, INA, RTBF, TV5MONDE, 2016, film/Documentaire, 01h10min

## CRÉDITS / CREDITS

Texte principal / Main text : Benjamin Stoz
Traductions / Translations : Right-Ink, Laura Austrums
Graphisme / Graphic design : Laetitia Centritto
Direction : Marie Pok
Le présent ouvrage est édité dans le cadre de l'exposition /
This book is published in the frame of the exhibition
*Serial Eater. food design stories* (29.03 > 26.07.2020)
@ CID – centre d'innovation et de design au Grand-Hornu

ISBN : 978-90-5856-650-8
NUR : 656
D/2020/6407/8

## REMERCIEMENTS / MANY THANKS TO

Les designers, les prêteurs, les partenaires, les donateurs /
The designers, the lenders, the partners, the donators

Martine Acar, Dominique Blondiau, Sophia Bouarfa, Aubane Brebant, Christopher Broyart, David Buyle, Giuseppe Cannella, Laetitia Centritto, Maryvonne Colle, Matteo De Felice, Brigitte Delattre, Gaëtan Delehouzée, Nathalie Delsipée, Véronique Demebski, Filip Depuydt, Massimo Di Emidio, Françoise Foulon, Sophie Gallez, Céline Ganty, Loïc Goemaes, Marianne Jayé, Laurence Lelong, Hervé Liénard, Maxime Mairesse, David Marchal, Vincenzo Mauro, Justine Mertens, Jean-François Paternoster, Thierry Pochet, Marie Pok, Carine Saber, Matteo Sciullo, Graziano Trovato, David Vilain, Maryse Willems, Cataldo Zitolo

## IMPRIMÉ EN UE / PRINTED IN THE EU

## PUBLIÉ PAR / PUBLISHED BY

— Stichting Kunstboek bvba
  Legeweg 165, B-8020 Oostkamp
  www.stichtingkunstboek.com
— CID - centre d'innovation et de design au Grand-Hornu asbl
  Rue Sainte-Louise 82 - B-7301 Hornu / +32 (0)65 65 21 21
  www.cid-grand-hornu.be / Facebook - Instagram : cidgrandhornu

L'asbl CID - centre d'innovation et de design au Grand-Hornu est subventionnée par la Province de Hainaut. Avec le soutien de la Fédération Wallonie-Bruxelles, secteur des arts plastiques /
The npo CID - centre for innovation and design at Grand-Hornu is subsidised by the Province of Hainaut. With the support of the Wallonia-Brussels Federation – Visual Arts Sector.